육아 스트레스를 시원하게 날려 주는 프랑스 젊은 엄마의 돌직구!

좀 망가져도
난 행복한 엄마

캉디스 코른베르그 앙젤 지음
김수영 옮김

문학세계사

내 인생의 사랑, 나의 아이들에게

예전에는 내 인생, 지금은 내 아이들!

부모가 된 이후에도 당신의 인생이 변하지 않았다면 다행이다. 잘 된 일이다. 하지만 나는 좀 다르다. 나에게는 첫째가 태어났을 때는 쓰나미가, 둘째가 태어났을 때는 진도 10의 지진이 닥쳤다. (첫째를 출산할 때의 '입장료'도 엄청나지만, 둘째가 태어난 이후에 겪는 그 사건과 사태의 수는 헤아릴 수조차 없다.) 그럼에도 불구하고, 다시 하라고 하면 하지 못할 것은 없다. 아, 첫니가 나는 아이를 달래면서 꼬박 밤을 지새운 때와 자동차 뒷좌석에 아이가 구토한 것을 온종일 치우면서 보낸 날은 빼고.

왜냐하면 '엄마로 사는 것'이 나를 더 강하고, 용감하고, 더 재미있고, 웃긴 사람으로 만들었기 때문이다. 예전에는 나 자신만 생각하고, 나를 가꾸고, 나 자신만 온전히 살면 되었던 인생이었다. 그런데 지금은 내 아이들이 있다. 물론 내 아이들은 내 시간과 에너지, 내 요구르트까지 다 먹어 버린다. 하지만 요놈들은 나를 엄마로 만들고, 여자로시의 니 지신을 넘어서게 만들었다. 그러니까 내가 당신들에게 아이 없었을 때가 훨씬 더 좋았다고 말하는 일은 절대로 없을 테니 꿈도 꾸지 마시라! 이전과 지금이 다르다는 것은 확실하다. 그러나 지금 내가 가진 행복은 매일 저녁 218개 퍼즐 조각을 맞추면서 보내는 시간만큼의 값어치가 있다. 지금 내가 가진 행복을 위해서라면 매일 저녁 218개 퍼즐 조각을 맞추며 보내는 시간도 아깝지 않다.

당신이 다음 내용에서 적어도 3개에 공감한다면, 이 책은 당신을 위한 책이라고 할 수 있다.

— 예전에 당신은 천천히, 여유 있게 화장하는 것을 즐겼다. 화장을 시작한 지 15분이 지나 눈 화장을 거우 끝내고, 파운데이션과 블러셔는 아직 시작도 안 했었다. 그런데 지금은 젖은 머리에 슬리퍼를 신고 학교에 아이들을 데려다주러 간다.

— 예전에 당신은 밤늦게까지 옛날 영화를 보거나 책을 보다 잠들었다. (영화는 〈러브 스토리〉나, 책은 아멜리 노통브의 소설 정도였지 않을까.) 지금은 제발 8시 반에는 잘 수 있게 해 달라고 하느님께 사정하고, 책 대신 항생제 복용 설명서를 읽다가 잠든다.

— 예전에는 항상 따뜻한 커피를 마셨다. 지금은 아이들을 학교에 데려다주러 가느라 커피를 내렸다는 사실 자체를 까맣게 잊어버린다.

저녁에 집에 들어오면 커피는 이미 식어 있다.

　—예전에는 아침에 꿈길을 헤쳐나오면서 일어났다. (꿈을 기억해내려고 적어도 세 번은 '반복' 버튼을 눌러 본다. 물론 성공한 적은 없다.) 지금은 "엄마, 아빠 배고파요!!!"라고 소리 지르며 당신 위로 몸을 날리는 아이들 때문에, 말 그대로 침대에서 튕겨져 나오며 잠에서 깬다.

　—예전에는 직장에 항상 제 시간에 도착했다. 지금은 이틀에 한 번은 꼭 지각을 한다. 아이들이 아프니까.

　—예전에는 아무것도 안 하는 것을 혐오했지만, 지금은 몇 시간만이라도 쉬려고 친정 엄마한테 간다.

　—예전에는 저녁 때 나가서 해 뜨기 직전에 들어왔다. 하지만 지금은 어렵게 가사 도우미라도 부르게 되면 애들 재우느라 보지 못한 저녁 드라마를 '다시 보기'로 보는 데 만족해한다.

　—예전에는 아페리티프(식전에 식욕을 증진시키기 위해 마시는 가벼운 술)로 모히토 한 잔을 즐기곤 하였는데, 지금 그 시간은 아이들을 '목욕시키고-쉬 하게 하고-코 자게' 하는 시간이 되었다.

　—예전에는 레이스로 된 근사한 란제리를 입었다. 지금은 천으로 된, 다 헤진 속옷을 입는다. 일요일 오후 1시에서 1시 반 사이에 아이들이 낮잠 자는 시간에 겨우 '블링블링' 속옷을 꺼내 본다. 그것도 격주로. 당신도 이제는 일요일 오후에 낮잠이 필요하기 때문에.

　—예전에는 매주 운동을 해서 어느 정도 몸매가 되었는데, 지금 당

아직도 읽고 있는가? 앞에서 보았듯이, 이 책을 읽기 위해선 '자조'로 무장하고 웬만한 데에서는 피식 웃어 버릴 수 있어야 한다. 이는 반드시 필요하다. 그리고 잊지 말라! "아기처럼 잔다."는 표현을 만들어 낸 사람들은 이 작은 녀석들을 진짜로 만나 보지 못했다는 사실을.

엄마 아빠가 된 모든 독자들에게

인생에서 자신이 완전히 변하게 되는 순간들이 있다. 나는 아이가 생길 때야말로 가장 결정적으로 변하게 되는 순간이라고 생각한다. 나에게는 가장 아름다운 순간인 동시에 가장 혼란스러운 시기이기도 했다. 아이가 생기면 우리 모두 별안간 지척을 분간할 수 없게 되고, 확신은 의심으로 변하고 때로는 뼈저린 외로움을 느낀다. 그렇지만 자신의 불안을 감당할 수 없다고 느끼는 사람은 당신 혼자만이 아니다. 아니, 태곳적부터 부모라면 누구든지 짊어지게 되는 운명이라고 할 수 있다.

안젤리나 졸리부터 라이언 고슬링은 물론이고 '참견 좋아하는 새침떼기 그녀', 당신의 부모까지 모두가 이러한 격동의 시기를 겪는다.

이러한 단순한 생각에서 『좀 망가져도 난 행복한 엄마』가 나왔다. 나는 우리를 변화시키고 우리 의지를 초월하는 이 작은 보물이 세상에 나옴과 동시에 겪게 되는 작은 근심과 걱정, 큰 행복에 대해 이야기하고 싶었다. 도무지 알 수 없는 1미터 10센티미터짜리 창조물과 함께 사이좋게 살아갈 수 있는(혹은 살아남는) 방법은 유머와 자기 풍자를 겸비하는 것이라 생각했다. 우리 모두가 실수를 한다. 부모라는 역할은 부척이나 까다로운 역할인데 부모를 안심시켜 줄 수 있는 어떠한 자격증이나 교육과정도 없기 때문이다. 게다가 애프터서비스나 반품도 불가능하다. (당신 아이의 목소리 볼륨은 리모컨으로 낮추거나 꺼 버릴 수 없다.)

모든 아이들은 우리를 기진맥진하게 만들고, 변덕쟁이에 제어 불가능하고, 성가시고, 끊임없이 말을 늘어놓고, (지나치게) 호기심이 많고, 화도 잘 내고, 고집불통에 질투도 심하다. 그런가 하면 모든 부모는 거짓말쟁이에 참을성도 없고 독재적이고 항상 허덕대면서 정신을 못 차리고 까다롭고 약하고 상처받기 쉽고 걱정도 많고 늘 불안해하고 억압적이고 보호가 심하다. 그럼에도 불구하고 이렇게 불완전하고 상호 보완적인 존재들의 결합이야말로 가정을 그 무엇보다도 특별하게 만드는 고귀하고 숭고한 단 한 가지임에는 틀림없다.

차례

자러 가기 싫어하는 아이들의 10가지 뻔한 거짓말

'새내기 부부 협동조합'에 가입하게 된 당신. 당신도 이제 아이들이 자러 가기 싫어서 온갖 수상한 짓을 하는 난국을 즐길 자격을 갖추었다. 그러나 명심하자. 아이들은 몇 분이라도 더 깨어 있기 위해 놀라운 수완을 발휘한다.

엄마, 깜깜한 게 무서워요!

미리 대비할 것! 태어날 때부터 불을 다 끈 깜깜한 방에서 재워라. 그러면 아이들이 어두운 것이 무섭다고 할 때마다 비장의 무기를 꺼내기만 하면 된다. 바로 야간용 조명등이다. (반드시 콘센트에 꽂아 쓰는 등을 사용하자. 한 달에 A4 건전지 4개씩 쓰면 당신이 1년 동안 화장품 사는 데에 들이는 돈보다 더 많은 돈이 나갈 것이다.) 소리나 예쁜 빛을 추가해도 좋다. 그러나 '깜깜한 게 무서워요'가 거짓말이라는 것이 보일 때가 있을 것이다. 이때에는 문을 조금 열어 두거나 방 옆에 있는 화장실 불을 켜 놓는 것도 소용없다. 이미 이성적으로 해결할 영역을 넘어 버렸기 때문이다.

이렇게 말하는 아이에게 '괴물은 바로 너야'라고 말하는 구닥다리 방법을 쓰면 겁먹은 아이를 들쑤셔 상황을 악화시킬 뿐이다. (적어도 우리 집에서는 통하는) 기적의 해결책이 있다. 바로 분무기. 아이에게 아이가 본 괴물을 설명해 보라고 하라. 그리고 이 분무기를 괴물 쫓는 '고스트 버스터스'라고 하면서 매일 밤 아이의 방에 뿌려 준다. 괴물이 반항한다면 이 괴물을 마법 가방에 넣고 가두는 척해라. 효과 만점이다! 다만 문제의 괴물이 빠져 나와 당신이 어렵사리 성공한 계획이 물거품이 되지 않도록 가방을 꼭 묶는 시늉을 해야 한다는 사실을 반드시 잊지 않아야 한다.

엄마, 목말라요!

물론 아이는 저녁 먹으면서도 물을 마셨고 양치질하면서도 물을 마셨다. 그런데 자러 가려고 하는, 바로 그 순간에 또 목이 마르다고 한다. 이때 '그래, 마셔. 그런데 밤에 자다 오줌 싸면 혼날 줄 알어!'라고 해서는 안 된다.

엄마, 오줌 마려워요!

'엄마, 목말라요!'라는 말과 함께하는 말이다. 마셨으니 비워야 하지 않는가! 당신이 초보 엄마라면 방에 유아용 소변기를 놔 주면 그만이라고 할 것이다. 그러나 잘 생각해야 한다. 아이가 화장실 가고 싶다고 하는 것은 둘러대는 말 중에서도 최악이다. 생각해 보라. 아이는 4분마다 일어나서 조금씩 쌀 것이다. (그리고 4분 20초마다 당신을 깨워서 쌌으니 비워 달라고 하겠지.) 게다가 소변기 비워 주기를 깜빡이라도 하면, 다음날 아침에 아이 방에 들어가면서 말똥 냄새를 맡는 사태가 벌어질 것이다.

엄마, 배고파요!

물론 당신이 식충이나 식신을 기르고 있을 수도 있다. 아이들의 말을 듣고 있노라면 마치 아이들을 매일 굶겼다고 생각할 정도이다. 낮에 당신이 먹는만큼 많이 먹었더라도 아이들은 꼭 자기 전에 '뭐 하나'는 먹고 싶다고 한다. 방바닥에 앉아서 눅눅해진 과자나 시리얼을 먹기라도 하면 골칫거리가 된다. 좋은 점은 딱 한 가지! 아이들이 남은 음식을 해결해 주니 음식물 쓰레기 걱정은 없어진다. 나름 좋기도 하다.

엄마, 쓰다듬어 줘요, 뽀뽀해 줘요, 또 쓰다듬어 줘요, 뽀뽀 한 번 더요!

최고도의 공격 수단이다! 자식이 엄마 좋다고 하며 곁에 와서 몸을 바싹 붙이는데 누가 버틸 수 있단 말인가! 아, 이 작은 악당들은 심금을 울리는 재주가 있다. 문제는 217번 뽀뽀해 주고 218번 정도 쓰다듬어 주어야 만족해한다는 사실이다.

엄마, 기싱 꿍꼬또. 엄마랑 같이 자도 돼요?

절대 굴복해서는 안 된다! 잠들어 있는 요 작은 얼굴을 보고 있노라면 햇빛 아래에 놓인 초콜릿처럼 녹아 버릴 것 같은 기분이 든다는 사실을 왜 모르겠는가.

그러나 당신도 '봉당을 빌려 주니 안방까지 달란다'라는 속담을 잘 알고 있을 터이다. 아이들은 더했으면 더했지 덜하지는 않다. 한 번 안아 주면 침대를 차지하고, 이불을 차지하고, 베개를 차지하고, 결국에는 아침 6시 28분에 당신을 깨울 것이다! 한 번 쓰다듬어 주고, 뽀뽀 한 번 해 주고, 짧은 만화를 읽어 주고……, 여기까지는 좋다. 그러나 이제 그만! 자러 가야 한다!

엄마, 나 안 졸려요!

분명히 하품하면서 안 졸리다고 할 것이다. 이때는 겁을 줘 보자. "모래 장수가 곧 올 거야. 자신이 지나갈 때 누군가 눈을 뜨고 있으면 그 눈에 모래를 뿌리는 사람이란다. 당연히 눈이 따끔하겠지. 그런데 심하게 아프면 〈뽀로로〉를 2주 동안이나 못 볼 수도 있어. 그러니까 졸리지 않더라도 눈은 감고 있자. 우리 아가, 2주 동안이나 뽀로로를 못 본다고 생각을 해봐……."

엄마, 아직 영화 / 책 / 비디오 게임 안 끝났어요

안됐지만 당신은 이 말을 아이가 아침에 학교 가기 전, 저녁에 목욕하기 전, 아니면 밥 먹기 바로 전에도 듣게 될 것이다. 즉, 절대 끝나지 않는다는 말이다. 그런데 더 이상한 점은 아이들의 아빠한테도 이러한 말을 듣는다는 것이다. 자식을 보면 부모를 알 수 있다고 했던가…….

엄마, 나는 아빠를 사랑하니까 아빠가 올 때까지 기다려야 해요

"그래, 우리 '귀염둥이'. 엄마도 알아. 그런데 아빠는 지금 정말 중요한 일 때문에 미국에 있어. (아이들이 좋아하는 축구선수나 야구선수를 만나러 갔다고 해도 좋을 것이다.) 그래서 네 밤이나 더 자야 돌아오실 거야. 네 밤이나 안 자려고 하는 것은 아니지? 그렇지?"

나의 첫 흰머리들에 보내는 공개 편지

친구들아, 나는 도무지 이해할 수가 없어. 우리는 분명히 30년 후에 만나기로 했어. 정확히 말하자면 1992년 어느 콘서트 홀에서 정식으로 약속했지. 그런데 아직 23년밖에 지나지 않았는데 너희들이 슬쩍 나타났어. 갈색 머리 안에 숨어 있다가 빗질할 때 딱 걸렸지. '꺼져 버려!'라고 소리 지를 뻔했어.

그런데 나의 '포스트-청소년 증후군'은 조금도 변하지 않았다. 손대지 말라는 어머니의 경험에서 우러나온 충고에도 불구하고 결국에는 여드름을 짰다가 다음날 더 심해지는 바람에 고생하는, 그런 증후군 말이다. 흰머리에 관해서도 손대지 말라는 똑같은 충고를 듣게 될 것이다. (60세가 넘은 당신의 어머니가 누구보다도 흰머리에 대해 잘 안다.)

그럼에도 불구하고 나는 흰머리들에 경고했다. 원래 반곱슬인 머리가 제멋대로 되는 한이 있어도 반곱슬 샴푸를 더 이상 쓰지 않을 것이니 알아서 하라고 협박하기까지 했었는데, (내 머리 상태를 보면 왜 반곱슬 샴푸가 효과가 없는지 도무지 이해할 수가 없다.) 하얗게 변한

머리카락들을 똑바로 처다보고 있자니 내 안에 잠들어 있던 덱스터 (Dexter, 미국 드라마의 주인공으로 법으로 처단하지 못하는 악한 자들만 골라서 살인하는 사이코패스) 본능이 살아났다. 그래서 양심의 가책에도 불구하고 나의 '잡아 뽑는' 원초적 본능에 굴복할 수밖에 없었다. 총 세 가닥의 흰머리가 차례로 흰색 세면대에 쓰러졌다. 이미 저세상으로 갔는지 모른다. 불쌍한 나의 작은 병정들은 너무 일찍 도착했던 것이다……

삼가 고인의 명복을 빕니다……. 한데 어떻게 이 흰머리들이 나는 것을, 갑자기 폭삭 늙어 버린 것을 알아채지 못하고 있었을까? 클럽에 들어갈 때 나에게 신분증을 보여 달라고 한 지가 그리 오래된 것 같지도 않다.(아, 그래. 알았다. 인정한다. 클럽에 안 간 지 10년은 되었다.) 그리고 슈퍼마켓에 가면 모두 나를 '언니'라고 불렀고(그래, 판매원들이 손님 듣기 좋은 소리를 잘한다는 것은 나도 안다.), 길에서는 모두 나를 내 아이들의 육아 도우미로 생각했다. (당신이 짙은 갈색머리에 검은 눈인데 아이가 밝은 갈색머리에 눈동자 색깔이 조금 다르다면 그렇게 생각할 수 있다는 것도 인정한다.) 갓 따온 버섯을 송송 썰어 곁들인 신선한 모짜렐라 로메인 샐러드(이렇게 비유해서 미안하지만, 지금 저녁 9시인데 여태까지 저녁을 못 먹었으니 이해해 주기 바란다.)와 같았던 내가 캔에 든 '샐러드'가 되어 통조림 요리 진열대에 놓이게 된 것이다. "아니오. 유통기한 아직 안 지났어요. 나 그렇게 맛없지 않아요."라고 말하고 싶은 마음뿐이다.

물론 이렇게 통조림 칸으로 가야 한다는 결정이 나자마자 내가 이의를 제기했지만 셰프는 "안 됩니다. 우리는 당신을 신선 식품 칸에 둘 수는 없습니다."라고 단호하게 말했다.

"아니, 왜요? 아직 서른두 살밖에 안 되었으니 '바로 먹는 샐러드용 당근'은 될 수 있잖아요."

"뭐, 가능하기는 합니다, 혹시 자녀가 있으신가요?"

"할 수 없이 말해야겠네요. 나이 차이가 많지 않은 아이 두 명이 있어요. 그래도 탄탄하고 매력적인 몸매를 유지하기 위해 매일 튼살 방지 크림도 바르고 운동도 했어요! (일부에서는 가사일도 고강도의 운동이라고 인정한다.)"

"노력은 많이 하셨지만, 그것으로는 부족합니다. '바로 먹는 샐러드용 당근'이 되기 위해서 자녀는 한 명만 있어야 됩니다. 게다가 우리는 나이가 어린 엄마에게도 아주 엄격한 기준을 적용합니다. 좋아요! 당신이 열여덟 살로 보이기 위해서 옷도 신경 쓰고 여러 모로 노력하시니까 우선 몇 달간 신선 식품 칸에 진열될 수 있는 허가증을 드리겠습니다. 하지만 미리 말씀드리는데 셋째는 안 됩니다. 셋째 소식이 들리는 즉시 당신을 냉동식품 칸으로 보내 드릴 수밖에 없습니다. 그리고 그곳에만 계셔야 합니다. 아시겠지만 냉동식품은 한번 해동되면 그것으로 끝입니다. 분명히 경고했습니다!"

나는 슈퍼마켓의 신선 식품 칸에 있는 '바로 먹는 채를 썬 당근'만큼 신선하고 상큼하다. 방금 씻어 나온 듯한 흙당근만큼 신선하지 않다는 사실은 나도 알고 있지만 그래도 냉동식품 칸은 면했다. 나는 당신이 '방금 전에 채를 썬 당근'이라고 믿는 이 당근 한 봉지를 닮았다. 물론 맛을 좀더 좋게 하고 신선도를 몇 주 더 유지하게 하려고 '아주 소량의 방부제'를 첨가한 것은 사실이다. 어찌 되었든 당근을 겨자 소스로 버무린 다음, 거기에 잘게 썬 파슬리를 뿌리는 것은 푸석푸석한 30대의 얼굴에 화장하고 염색하는 것과 마찬가지다. 다 효과 좋은 화장발이지 않은가.

다시는 그러지 않겠다고 맹세한 것들

"아이가 입에 넣고 씹다가 '엄마 이거 너무 맛없어.' 하면서 뱉어 버리는 음식 덩어리를 손으로, 그것도 휴지 없이 맨손으로 받지 않기로 결심했었다."　　　　　　　　　　　　　　　　　— 29세의 엄마

"내가 말한 것을 끝까지 지키지 못했다. 예를 들어 '안 돼. 이제 빵은 그만! 끝났어.'라고 스물다섯 번 말했지만 결국엔 '이번이 마지막이야.' 하면서 주고 말았다."　　　　　　　　　— 28세의 엄마

"핑크색 옷을 입히지 않겠다고 결심했었다. 그런데 지금 내 딸은 바비 인형보다 더 화려하다!"　　　　　　　　　　　— 28세의 엄마

"아이들을 회유하지 않겠다고 맹세했었다. 그러나 여전히 아이들에게 '기저귀 갈 때 울지 않으면 조금 있다가 사탕 줄게.'라고 한다."　　　　　　　　　　　　　　　　　　— 28세의 엄마

"밥 해주기 싫거나 아이에게 콩을 먹이려고 50분 동안 협상하다가 지쳐서 결국은 안 가겠던 맥도날드에 갔다." — 31세의 엄마

"아이가 싸는 응가 덩어리 수를 세지 않겠다고 마음먹었는데⋯⋯ 바보 같은 짓이라는 것을 알면서도 엄마가 되고 난 후부터 아이가 하루에 몇 번 싸는지 정확하게 알게 되었고 그 수가 맞지 않으면 패닉 상태가 되어 버린다." — 24세의 엄마

"볼일 보러 화장실 갈 때 아이를 데려가지 않겠다고 맹세했었다. 왜냐고? 나한테도 혼자만의 시간이 필요하니까! 그렇지만 결과적으로, 나는 얼마 전부터 단 한 번도 혼자 마음 편하게 일을 본 적이 없다!" — 26세의 엄마

"휴지가 없을 때 '흥 해!'라고 말하면서 맨손으로 아이에게 코를 풀게 하지 않겠다고 다짐했었다. (당연히 지키지는 못했지만 그리고 나서 손은 씻는다!!)" — 31세의 엄마

아이들은 학교에서 '정말로' 무엇을 할까?

부모들에게 이 질문은 끊임없이 반복된다. 물론 이제는 지겹기까지 하다. 그도 그럴 것이, 온갖 염려를 하면서 아이를 학교에 두고 오는 첫날(물론 아이들은 뒤도 안 돌아보고 학교로 들어가 버린다.)부터 시작해서 20년 동안 매일 저녁 때 학교에서 무엇을 했냐고 묻기 때문이다. 우리는 이렇게 묻는 것이 부모의 권한이라고 생각하며 자라 왔다. 가끔 '오늘은 어떤 즐거운 일이 있었니?'라고 물어보면서 변화를 주기도 한다. (물론 그것에 대해 아이가 장황하게 늘어놓지 않기를 바라는 것은 말할 필요도 없다.)

어찌 되었든 부모가 학교에서 무슨 일이 일어나고 있는지 아는 것은 중요하다. 우리의 부모가 항상 이렇게 물어왔기에 우리도 아이에게 그저 자연스러운 듯 묻는 것도 사실이다.

그러나 아이들은 사악한 배신자들이다. 아이를 임신하고 우리는 몇 달 동안 효과도 없는 튼살 방지 크림을 발라 가며, 고통스러운 치질도 참아 가며, 역류하는 위산 때문에 밤잠도 설치면서 품고 있다가 낳아 주고 길러 주었다. 그럼에도 아이들은 우리의 희생 정신은 아랑곳하지 않고 궁금해하며 묻는 부모들의 질문에 아주 간결한 대답만 하여 우리를 더욱 애타게 한다. 그럼 이제 '오늘 학교에서 무엇을 했니?'라는 물음에 대한 아이들의 대답을 분석해 보자.

"아무것도 안 했어요."

아무것도 안 했다고? 거짓말! 이 대답은 통계적으로 보았을 때 가장 많이 듣는 대답이지만 명백히 거짓말이다. 아이들이 아무것도 안 할 수는 없다. 증거를 들자면, 적어도 집에서는 '아무것도 안 한다'는 것이 장난감 미끄럼틀을 다시 칠하고 있다는 것을 의미하기 때문이다. 단지 "초록색보다 노랑색이 더 이뻐!"라는 이유로 말이다.

"몰라요."

잠깐, 네가 여섯 시간 동안 밖에 있다가 들어왔는데 네가 밖에서 무엇을 했는지 모른다고? 내가 중요한 전화를 받고 있을 때에는 네가 똥 싸는 그 스릴 넘치는 순간에 대해 지나칠 정도로 아주 상세하게 설명하면서 학교에서 무엇을 하는지는 모른다고? 진심이야? 받아들일 수 없음.

"이것저것 많이 했어요."

흠…… 이것저것 무엇을 했다는 거야? 예를 들면? 너무 막연하잖아. 우리가 더 알려고 캐물으면 "이것저것 많이 했어요."는 "몰라요."로 돌변한다. 그러니까 이것저것 많이 하는데 무엇을 하는지 모른다고? 거짓말이다. 요 아이들이 우리에게 무엇인가를 숨기고 있다. (깜짝 선물은 아니다. 만약 선물이었으면 우리가 선물을 받고 깜짝 놀라는 즐거운 순간을 망치려고 바로 말했을 것이다.) 받아들일 수 없음.

"일했어요."

하하하하. 웃음이 다 나오네. 네 친구의 옷에 스티커가 덕지덕지 붙어 있는 것을 이미 보았어. 그것을 일이라고 하면 내일 내가 너 대신에 학교에 갈 거야. 받아들일 수 없음.

"놀았어요."

그럼 그렇지. 그럴 줄 알았다. 아이들을 학교에 보냈는데 학교에서 논다니. 우리가 기대했던 대답이 아니라는 것은 분명하지만 그래도 현실과 가장 가까운 대답 아닐까? 방과 후 저녁 무렵 아이들이 학교로 다시 가고 싶다고 할 때 왜냐고 물으면 '친구들이 보고 싶어서'라고 대답하는 것을 보면 알 수 있다. 다만, 이렇게 아이들이 놀기를 좋아하니 지금 당장 저축부터 시작해야 한다는 것은 분명하다. 아이들이 현재의 리듬으로 계속 논다면 공부하는 기간이 한없이 길어질 가능성이 높기 때문이다. 누군가가 우리의 노후를 보장해 주겠지라는 생각은 애당초 버려야 한다.

자, 위에서 보았듯이 아이들은 자신이 학교에서 무엇을 하는지 모른다. 이것저것 많이 하는 동시에 아무것도 안 하기 때문이다. 게다가 자신이 노는지 일하는지 구분하지 못한다. (이럴 때를 잘 이용해야 한다. 조금만 커도 놀이와 일을 아주 확실하게 구분한다.) 그렇지만 언젠가는 아래와 같은 답을 듣게 될 것이다.

"엄마, 엄마, 오늘 아침에 선생님이 아기가 어떻게 생기는지 말해 주셨어요. 내가 설명할 수 있어요. 선생님이 말하기를 엄마와 아빠가……."

갑자기 아이들에게 대답을 듣고 싶은 마음이 없어진다. 결국에는, 아이들에게는 들어줄 시간이 없다고 할 것이다. 왜냐고? 음……, 할 일이 있어서. 무슨 일? 이것저것 많아. 일이 일이지 뭐. 아, 엄마도 몰라. (이렇게 아이들의 대답을 막았고, 좋아, 이제 게임 할 시간이다!)

아이를 키우면서 해보았던
우스꽝스럽고 황당했던 일들

"우리 따님을 깨우지 않고 손톱을 깎아 주기 위해 밤 10시에 헤드 랜턴을 쓰고 가위를 들고 몰래 딸 방에 들어갔다. 스릴 만점이었다!"

— 상드린, 33세

"아이들에게 놀 거리를 준다면서 내 얼굴에 화장하도록 그냥 내버려 두었다!"

— 페르도, 34세

"아이가 처음으로 유아용 변기에 앉았을 때 그 모습을 사진 찍어 아이의 할머니와 할아버지께 보냈다."

— 아나이스, 25세

"아이에게 어떻게 변기를 사용하는지 보여 주려고 변기에서 볼일 보는 시늉을 했다."

— 아나엘, 23세

"공원에서 아이들이 타는 흔들목마도 타고 미니 미끄럼틀도 탔다. 어차피 심심해질 것이니 오히려 잘한 일이었다!"

— 클로에, 27세

"유아용 변기에 쉬했다. 변기는 모자가 아니라는 것을 보여 주려고……."
— 에밀리에, 29세

"아이에게 옷을 입히려고 '날 입지 않으면 널 먹어 버릴 것이야.'라고 옷이 말하는 흉내를 냈다."
— 오세안, 22세

"전날 밤 수유하느라 완전히 지쳤던 나는 기차 안에서 앉고 싶어서 임신한 척했다. 바로 얼마 전에 출산했는데 말이다."
—오로라, 38세

"머리를 바짝 깎아 주려고 전기 이발기로 깎아 주는데 빗살 캡 끼우는 것을 깜박해서 거의 대머리로 만들어 버렸다. 그리고 '네가 원했던 거잖아.'라고 우겼다."
— 셀린느, 36세

당신이 월요일을 싫어하는 10가지 이유
(당연하다, 월요일이니까!)

1. '내가 아무리 아침형 인간이라도 소용없다. 힘들다.' 월요일 아침이면 항상 주말에 제대로 쉬지 못한 느낌이 든다. (단지 느낌이 아니라 정말 쉬지 못한 것이 사실이다.) 월요일 아침에는 이불도 '이보다 더 포근할 수 없다' 할 정도로 포근하고 또 그만큼 "엄마~아아아아아, 배고파요~오오오오오오."라고 소리 지르는 아이들 때문에 깨고 싶지 않다.

2. 7시 30분에 알람이 울린다. (아이의 학교가 집에서 5분 거리에 있기 때문에 7시 30분에 일어나려고 '애는 쓴다.') 7시 40분에 다시 울린다. 그리고 7시 50분에 한 번 더. 이때부터 질주는 시작된다. 맥가이버처럼 어떻게든 이런저런 문제들을 해결하면서 후다닥 준비한다. 유모차 안에서 아침을 먹고 있는 아이에게 짝짝이 양말을 신기고 급한 대로 내 머플러를 아이한테 감아 준다. (왜 그런 표정으로 보는가? 아이의 보라색이나 진분홍 목도리보다는 내 것이 더 예쁜데 뭐가 문제인가?) 8시 27분! 출발! 나도 대~단하다!

3. 벙어리장갑을 끼우고, 장화를 신기고, 목도리를 둘러 주고, 방한모를 씌우고, 세수를 시키고, 코를 풀어 주고, 눈곱을 떼어 주고, 초콜릿 잔뜩 묻은 티셔츠를 갈아입히고, 손톱을 깎아 주고, (주말에 깎아 주는 것을 깜빡 잊을 때 월요일에 깎아 주게 되는데 심심치 않게 깜빡한다.) 점퍼 지퍼를 달아 주고 나와서 문을 닫는다! 그리고 엄마도, 아빠도, 아무도 열쇠를 챙기지 않았다는 사실을 알아차리고…… 눈물이 흐르고…… 서로 왜 열쇠 안 챙겼느냐고 툴툴거린다.

4. 집에서 나와서 5분 동안 엘리베이터 기다리다가(8시 15분은 같은 아파트에 사는 모든 가족들에게 피크타임이다.) 뒤늦게 고장 났다는 것을 알고, 유모차를 들고(아이 아빠가 든다. 나는 아니다.) 아이들이 난간을 잘 잡고 안 구르고 잘 내려오는지 일일이 확인하면서 4층을 내려오고, 다 내려와서 길로 나왔더니 큰 아이가 급식 패스를 두고 왔다고 해서 다시 계단으로 4층을 올라간다. 농담하는 거 아니다! 월요일 아침마다 본의 아니게 엄 청난 양의 운동을 한다. 아이가 오전 내내 아무것도 못 먹고 정오나 돼서야 학교 식당에서 빵 정도 먹겠지만 뭐, 할 수 없다.

5. 당신은 (화장도 안 한 얼굴에 머리는 산발이고 땀을 삐질삐질 흘리면서) 겨우 학교에 도착했다. 수업은 40분에 시작하는데 지금은 8시 35분. 휴, 시간은 맞췄다. 하나 이제 그 유명한 '나 안 들어갈 거야'

단계이다. 큰아이는 학교 들어가기 싫다고 하고 작은아이는 형을 보고는 '나도오오오오오'라면서 울먹거린다. 안아 주고, 뽀뽀해 주고, 다시 한 번 안아 주고, 뽀뽀 한 번 더해 주고 결국 먹히지도 않는 협상 ("이제 그만 울고 들어가면 저녁에 깜짝 선물 줄게." 여기서 깜짝 선물은 〈뽀로로〉 시청 1회다.)까지 하지만 소용이 없다. 결국 보조 선생님이 나와서 아이의 팔을 끌어 데려가면서 나를 동정하는 눈으로 쳐다본다. 아이가 당신에게 자신을 버린 '나쁜 엄마'라고 하는 말에 눈에 눈물이 그렁그렁 맺힌다.

6. 마침내 어린이 집에 도착했다. 당신이 유모차를 접는 동안 아이가 도망쳐서 숨어 버린다. 숨는 곳은 (엄마가 절대로 못 찾을 것이라고 생각하는) 화장실이다. 그러고는 (재미있다고) 화장실 변기에 손을 담근다. 당신은 여전히 웃옷을 걸치고 머플러까지 하고 있다. 아이를 맡기고 아이를 '전달'한다. "특기 사항 없음. 주말 잘 보내고, 잘 자고, 아프지 않고, 잘 먹었으나 대변은 못 봤음."(번역하자면, '흠, 이제까지는 당신의 운이 좋았다고 생각하겠지만 이제 당신 차례라고.')

7. 버전 1 회사로 가는 당신의 엉덩이에 아이가 가지고 놀던 스티커가 붙어 있고, 아이의 인형이 당신 가방 속에서 팔 한쪽을 내놓고 있다. 당신은 더 이상 아무 생각이 없다. (쌓이기만 하는 일을 할 때에도, 아침부터 거래처에 전화하면서도 마찬가지이다.) 당신은 그저 커피

시간, 점심 시간, 간식 시간, 화장실 가는 시간, 물 한 잔 마시는 시간, 담배 시간(당신이 비 흡연자일지라도!), 즉 휴식이라 할 수 있는 모든 휴식 시간만 기다린다. 월요일이니까!

버전2 아이를 어린이 집에 데려다주고 집에 들어와서 집안일을 하려고 하는데 아침 8시 20분부터 12시까지, 오후 1시부터 5시까지 윗집에서 공사 인부가 굴착기를 돌린다. (여기서 한 가지, 윗집 공사소리는 당신이 돌리는 세탁기 소리를 먹어 숨겨 버린다.)

8. 회사 일을 마치고 아침에 갔던 길을 반대 방향으로 오면서 아이를 찾는다. 이번에는 어린이 집에서 작은 아이를 당신에게 '전달'해 준다. 당신은 아이가 9시 45분에 대변을 어린이 집에서 처리했다는 사실을 알고 기분이 잠시 좋아진다. 이번에는 어린이 놀이 센터로 큰 아이를 찾으러 갈 차례다. 센터에서는 "아이가 자기 친구가 가진 인형의 털을 죄다 뽑은 것 말고는 뭐, 그럭저럭 잘 지냈어요."란다. 화가 난 상태에서 아이들에게 들고 가라고 할 빵을 사러 갔는데, 젠장, 내가 항상 가던 빵집은 월요일에 문을 닫는다! 결국 한참을 돌아 다른 빵집으로 간다. 그런데 그 빵집의 빵맛은 완전 꽝이다.

9. 당신은 단숨에 해치운다. 아이들 목욕을 시키고, 큰아이 옷을 다시 입혀 주고, (10분이나 걸려 잠옷을 입었는데 거꾸로 입었다.) 저녁 식사 준비를 한다. "얘들아, 오늘 저녁은 생치즈 파스타, 훈제 칠면조,

스트링 치즈, 떠 먹는 과일 푸딩이야. 오늘 월요일인 거 알지? 엄마 요리 안 한다. 엄마가 좋아하는 드라마 보는 날이잖아." 그리고 또 단숨에 해치운다. 손을 씻겨 주고, 양치질을 해주고, 세수를 시키고, 머리를 감기고, (파스타가 왜 아이의 앞머리에 붙어 있는지 이해할 수 없다.) 〈뽀로로〉를 잠깐 보여 준다. 자, 이제 자러 갈 시간이다. ("엄마가 오늘은 동화 읽어 줄 힘이 없어. 그 대신 내일 두 권 읽어 줄게.") 왜 아이들은 항상, 무엇이든지 협상을 하려고 드는지 의아해하는 당신. 오늘, 이 월요일 저녁 당신은 불현듯 누군가의 모델이, 모범이 되는 것이 무엇을 의미하는지 깨닫는다. 그리고 곧 의기소침해진다.

10. 7시 45분! 자, 모두 자러 갈 시간이다! (당신은 아이들이 자러 가는 시간을 당기길 잘했다고 생각한다. 당신을 위한 25분을 벌었기 때문이다. 정말이다. 아이 아빠가 늦지 않게 오겠지만 그 시간에 파스타와 칠면조 요리를 해 달라고 하지는 않을 것이기 때문이다.) 그리고 이제 일기예보를 볼 시간이다. 당신은 월요일 일기예보를 싫어한다. 주말 내내 우중충하다가 월요일에 보란 듯이 갑자기 날씨가 좋아지기 때문이다.

'이제 됐다, 월요일이 드디어 지나갔다.'고 하는 당신. 그래, 이것은 분명히 좋은 소식이다. 당신도 알고 있듯이 주중 5일 내내 힘들지 아니한가. 그래도 하루는 지났다.

남편에게 기저귀 갈게 하는 10가지 방법

인생은 정글이다! 모든 것을 위해, 모든 것에 대해, 언제 어디에서나 투쟁해야 한다! 집 안에서도 마찬가지다. (……그래. 특히 집 안에서 그렇다.)

우리의 반쪽은 우리를 완벽하게 꿰뚫고 있기 때문에, 아이의 기저귀 갈아 주기나 새벽 4시에 우유 주기 등 가장 고된 가사일을 분담하기 위해서는 간계와 술책에 능하고 사기술(당신이 아이들한테 하는 방법들을 예로 들 수 있겠다.)을 배가시켜야 한다.

글을 읽고 있는 분들 중 몇 명은 수유 중일 것이다. 엄마들이여, 당신이 수유를 한다고 해서 그것이 애 아빠가 밤 늦게 재방송하는 〈오늘의 스포츠〉를 보지 못할 이유는 될 수 없다. 혹시 '전동식 수유기'라는 초특급 기계를 들어보았는가? 분명히 이 기계를 사용하면 당신은 왠지 젖소가 된 느낌이 들 것이다. (뭐, 느낌뿐만은 아니다.) 그러나 적어도 6시 18분에 있을 다음 수유를 위해 재충전을 할 수는 있을 것이다.

아이 아빠에게 다음과 같이 응수하면서 고된 일을 면해 보자.

"지난번 야구 경기 결과 내기에서 내가 이겼으니까 이번에는 당신

차례야! 이번 기저귀 갈기를 놓고 한 거였잖아. 저녁 식사 준비는 '가위바위보'로 정하자."

"오늘은 정말로 못하겠어. 체한 건지 몸이 좀 안 좋아. 냄새만 맡아도 토할 것 같아. 가까이 오지 말고 침대에 몇 시간만 좀 혼자 있을게. 자기한테 옮을 수도 있다고."

"지금 아이의 기저귀를 갈아 줄 수가 없어. 2분 안에 당신 어머니한테 전화 올 거야. 어머니는 한 번 전화하시면 적어도 한 시간이야. 뭐, 당신이 받겠다면 상관없지만……, 받기 싫지? 아이 목욕도 먼저 시키고 있어. 전화 끝나면 바로 갈게."

"나 '기저귀는 아빠에게'라는 모임에 가입했어. 당신이 나를 부를 때에 나는 이곳의 정해진 규칙에 따라서 거절해야 해."

"내가 기저귀를 갈아 주는 만큼 당신이 갈아 주지 않아서 아이가 당신에 대해 불안감을 느끼게 될까 봐 걱정이 돼. 그런 감정이 평생 지속될 수도 있다고."

"단지 몇 분만이라도 나를 좀 혼자 있게 해주면 안 되겠어? 혼자 할 일이 있다고. 하지만 자꾸 그렇게 물어보면 할 수 없지. 이번 주말이

결혼 기념일이라 당신과 어디 좀 가 보려는 계획을 짜 보려고 인터넷 서핑 중이었단 말이야. 그래서 혼자 있고 싶다고 한 거야. 그런데 내 깜짝 선물을 당신이 망쳐 버렸어! 너무한 거 아니야!"

"여성이 남성들보다 아이들의 옷을 뒤집어지지 않게 제대로 입힐 수 있는 것 같아. 아니라고? 그럼 증명해 봐!"

"'쉬― 응가― 방귀'는 진정으로 남자들의 세계에 속한 이야기야. 그런데 그처럼 한 가지 확실한 것은 세일 기간에 쇼핑하는 건 전적으로 여자들의 세계 안에 있다는 거야."

"무지개 빛깔 오줌을 싸시는 우리 공주는 내가 맡고 당신은 헬리콥터 놀이하는 사내를 맡기로 했잖아. 그러니까 자, 보호 안경 쓰고 방독면 쓰고 가 봐. 아이가 기다리잖아!"

엄마가 하는 말을 통역하면 말이지

엄마가 이렇게 말하면⟶이렇다는 뜻이야

그래! ⟶ 그래!

아마도……. ⟶ 그럴 가능성은 거의 없어

(어떻게 되는지) 조금 더 지켜보자. ⟶ (네가 말 한 대로는) 절대로 안 돼.

안 돼! ⟶ 내가 살아 있는 한 안 돼! 눈곱만큼의 가능성도 없는 거라고!

생각 좀 해볼게. ⟶ 너한테 '안 돼!'라고 말할 수 있는 증거를 찾을 수 있도록 엄마한테 2분만 줘.

언젠가는 엄마가 미리 알려 준 것을 고마워하게 될 거야. → 그럴 리는 거의 없어…….

좀 조용히 놀면 안 되겠니? → 젠장! 빌어먹을, 엄마 고막 터지겠다! 좀 조용히 할 수 없어?!

그런 것은 어디서 들었니? → 머리에서 어떻게 그런 생각이 나오니?

그런 것은 어디서 배웠니? → 집에서 배웠다고 하지 마!

와! 혼자서 옷을 입었네! 잘했어요! → 초코 시리얼볼 갖다 주면서 제대로 조준해서 엎어 줘야겠군. 그런 식으로 선을 넘어오면 안 되지!

5분만이라도 좀 가만히 있을 수 없니? → 지금 당장 모히또 한 잔 줘! 아니, 로제 샴페인 한잔이 좋겠어!

그래! 응응…… 어……. → 전혀 안 듣고 있어서 네가 무슨 말을 하는지 도무지 모르겠어.

정말로 좋은 아이디어라고 생각하니? → 아니, 젠장, 무슨 그런 어처구니없는 생각을 할 수 있니?

와우! 우리 아들이 최고다! → 역시 내 아들이야! 미래의 세계 챔피언! 올림픽 메달은 따놓은 것이야!

응? 응? 뭐라고? → 된장 말아 먹을 뭐라고? Z**XDJS%(젠장 빌어 먹을) 도대체 뭐라고 하는 거야?

내가? 내가 그렇게 말했다고? → 정신차려! 아이들이 상황을 장악하려고 하는데 빨리 거짓 변명이라도 찾아야 해!

네가 했어? 정말 멋진데! → 차라리 내 눈을 뽑고 아이의 손은 묶어 버리는 것이 낫다! 더럽고 흉측한 새똥 같잖아!

아니, 이마 차가워. 열은 없어. → 그런 말은 나한테 안 먹혀. 학교 가는 거야!

아빠인데 부탁해 봐! → 이제는 아빠가 악당 역할을 할 차례야!

아이들은 정말 기가 막혀. → 껍질을 벗겨서 섞은 다음 써머믹스

(명품 조리기)에 넣어 프리타타를 만들어 버리고 싶어.

아가, 사랑한다. →   한없이, 신기한 마시멜로와 장미를 실컷 먹
는 무지개 색깔 포니와 유니콘이 살고 있는 저 별들 넘어서까지 사랑
한다.

'어버이날'에 살아남기

어버이날까지 아직 열흘이나 (아이의 시공간 시스템 안에서는 백만 년에 해당한다.) 남았는데 벌써 아이는 한껏 들떠 있다. 저녁 때 "오늘 학교에서 재미있었어?"라는 질문에 어떤 이유인지는 모르지만 한껏 상기된 얼굴로 한쪽 입꼬리를 올리며 씩 웃는, 깜짝 선물(혹은 우스꽝 스러운 짓, 둘 중에 하나겠지 뭐!)을 준비하는 아이들 특유의 웃음을 지으며 당신을 쳐다보기도 한다.

간단히 말하자면, 아이는 잠자리에 들 때마다 머릿속으로 수없이 반복하고 학교에서는 쉬는 시간마다 친구들과 빨리 외우기 시합을 하면서 완벽하게 외운 시를 당신에게 읊어 주고 싶어서 안달이 났다. 물론 디데이에는 너무 긴장하는 바람에 분명히 중간중간 까먹을 것이다. 그러는 아이가 더욱 사랑스러울 것은 두 말 할 것도 없다. 그리고 당신의 '꼬은 깨소 ㅏ르도 디카프리오'가 연기자로서의 자질은 부족하다는 사실을 알게 될 것이다. 카드에 덕지덕지 써 놓은 시를 보나, 꽃 형태를 겨우 알아볼 수 있는 그림을 보나 당신의 '작은 피카소'는 예술가 기질도 부족한 듯하다.

이 '더없이 아름다운' 시는 사랑으로 만들고 바스락거리는 종이로 포장한 선물과 함께 세트로 주어진다. 위기다!

물론 해마다 아무짝에도 소용없고 입지 못하는 스튜 그림이 그려진 앞치마를 어쩔 수 없이 한 번은 입어 주고 추억 상자에 넣어 놓고 먼 훗날 아이에게 "네가 무엇을 만들어 선물해 줬는지 기억나니?" 하면서 꺼내 보여 줄 수도 있다. 그래도 다행히 선생님들의 지도하에 아이들이 만드는 '예술 작품'은 점토가 발명된 후 어느 정도 표준화된 덕분에 당신은 앞으로 벌어질 상황을 조금은 예측하여 당신의 '셀프 컨트롤' 지수를 높일 수 있게 되었다.

펜네(짧고 속이 뚫려 있는 파스타 면 종류의 하나)를 엮어 만든 목걸이

할 말 "우리 아가, 고마워. 정말 예쁜데! 게다가 여러 색깔이 섞여 있어서 어떤 옷에도 잘 어울려 실용적이기까지 하네!"

못할 말 "아니, 너는 내가 정말로 이 목걸이를 목에 걸 수 있을 거라고 생각해? 내가 그렇게 바보같이 보이니? 네 아빠가 허리 휘게 일해서 사 준 이 예쁜 원피스가 안 보이니? 이 원피스에 그 목걸이를 해서 스타일을 망쳐야겠니? 네 친구가 '네 엄마 못생겼다.'라고 하면 좋겠어? 그거 이리 줘. 점심으로 파스타 만들어 먹어야겠다. 음식 갖고 장난하면 안 돼!"

점토에 이쑤시개를 꽂아 만든 고슴도치

할 말 "와, 멋진데! 만들기 어려웠겠네. 게다가 누름돌처럼 정말 독창적이야!"

못할 말 "이런 것으로 도대체 뭘 하겠다는 거니? 설마 누름돌? 장난이지? 게다가 이쑤시개는 너무 위험해. 동생이 가까이 갔다가 눈이라도 찔리면 어떡하려구? 그러니 고슴도치는 이제 숲으로 돌려보내자꾸나."

고무찰흙으로 만든 연필꽂이

할 말 "안 그래도 하나 있었으면 했는데 잘됐다! 현관에 놓으면 딱 이겠네. 연필꽂이 위에 붙인 스티커들도 정말 예쁘구나."

못할 말 "'없어지는 것도 새로 생겨나는 것도 없다! 모든 것은 변한다!' 아가, 유행은 하루 아침에 변한다는 뜻이야. 5년 전에 산 나팔 청바지가 유행이 지나 잘라서 반바지로 만들었다거나, 혹은 전날 먹고 남은 치킨으로 다음 날 점심 때 시저 샐러드를 만드는 정도?

그런데 솔직히 말하자면, 네가 만든 것은 어쩔 도리가 없는 물건인 것 같다. 이 '멋진 작품'은 네 방에 두어야겠다. 섭섭하게 생각해도 할 수 없어. 그래야 아빠가 안심하고 다음 어버이날을 기대할 테니까!"

다음 아이들 생일에 줄
(아니, 주어서는 절대로 안 되는) 10가지 장난감

가끔 가다 장난감 개발자들이 도대체 왜 돈을 받는지 이해할 수 없을 때가 있다. 보기에도 기분 나쁜 장난감, 아이들에게 위험하거나 충격을 주는 장난감, 아무짝에도 쓸모없는 장난감, 차라리 몰랐더라면 더 좋았을 장난감을 제외하면 아이들에게 사 줄 만한 장난감이 없다. 아이들이 비싼 돈(몇 시간짜리 마사지 가격과 맞먹는다면 이해가 빨리 될 것이다.) 들여 사 준 장난감보다 스티로폼이나 포장용 뽁뽁이를 가지고 더 재미있게 노는 것을 볼 때마다 나는 당황스럽다.

자, 여기에 내가 산타클로스에게 절대로 보내지 않을 선물 리스트가 있다.

1. 집안 돌보기 완벽 세트 **걸레와 다림질대, 청소용 마포, 양동이를 갖춘 세트로 일곱 살이 되기 전에 집 안을 청소하고 어린 하녀가 되는 방법을 가르쳐 준다.**

2. 해괴망측한 인형 폴 댄스를 추는 스트리퍼, 임신한 인형, 당신의 아이가 젖을 물려야 하는 인형, 털을 뽑아 줘야 하는 인형 등이다. 당신이 나를 정신병자로 생각할지도 모르지만 맹세컨대 실제로 있는 인형이다!

3. 각양각색의 점토 찰흙 3분 만에 아이들은 반죽하는 법을 배워 놀 수 있지만 사방에 눌러붙어 버린다. 손톱 아래며 거실 카펫의 술, 아이들 머리카락까지 없는 곳이 없다. 안심하라. 누구에게든 일어날 수 있는

일이다. 중요한 것은 한 번 바보짓을 하고 난 후에 다시는 같은 바보짓을 반복하지 않는 것이다.

4. 사탕이나 초콜릿 '만드는 기계' 초보자들이 잘 빠지는 함정이다! 임신으로 늘어난 4킬로그램의 체중을 아직 다 못 뺀 상황에서 저러한 장난감은 당신의 집에 아예 있으면 안 된다. 그러니 육아 도우미에게 차라리 구슬놀이를 할 수 있는 구슬이나 나무로 된 조립 장난감을 사 오도록 부탁해 보자.

5. 미니어처 오브제나 모형 작은 배의 조립을 마무리하는 부품 조각 하나를 잃어버렸을 때, 당신은 이케아Ikea에서 주문한 서랍장을 조립하던 중 마지막 나사 하나를 잃어버려 서랍이 제대로 닫히지 않는 상황과 똑같은 감정을 느끼게 된다. (일반적으로, 부품 하나가 없어졌을 때, 그것은 무조건 당신의 책임이다. 이케아는 잘못이 없단다.)

6. 세탁으로 안 지워지는 수성펜 다음 세 가지 질문, '당신은 어떠한 표백제도 닿지 않은 그림을 거실에 걸고 싶지 않은가? 스킨 색상의 드레스를 한 번 더 입고 싶지 않은가? 혹은 아이의 손을 매니큐어 지우개로 지우고 싶지는 않지 않은가?'에서 하나라도 '네.'라고 대답했다면 2유로를 더 투자하여 '세탁으로 지워지는' 수성펜을 구입하도록 하자.

7. 같은 말을 열여덟 번 연달아 반복하는 장난감, 살짝 건드리기만 해도 켜지는 장난감, 끄려고 하는 사람은 아랑곳하지 않고 3분 내내 노래하는 장난감, 멜로디로 당신의 밤을 공포스럽게 만드는 장난감 모두 잊어버려라! 게다가 위의 장난감들에 필요한 1년 건전지 가격은 당신이 미용실 한 번 가는 가격과 맞먹는다는 사실을 잊지 말자.

8. 피리, 북, 호루라기, 하모니카 굳이 설명할 필요가 없지 않은가!

9. 머리 부분을 잡고 들어 올리려고 하면 이내 쑥 하고 빠져 버리는 나무로 된 장난감 당신은 아직도 저 작은 강아지 한 마리도 제대로 들어 올리지 못한다. 그러나 시간 문제이니 걱정하지 말자.

10. 비눗방울 놀이 장난감 아이들은 항상 혼자 하겠다고 고집을 부리고 1분에 한 번씩 손과 바지에 비눗물을 쏟는다.

※주의 사항 : 저녁만 되면 당신의 발에 밟히며 굴러다니는 레고와 플레이모빌 블록과 다른 '빌어먹을!' 블록 장난감이 빠졌다. 당신 아이들은 반드시 이 장난감들을 가지고 놀 가능성이 아주 높다. 그러니 특별히 집중하여 살피도록 하자.

나의 28사이즈 청바지에 보내는 공개 편지

나의 사랑하는 청바지야!

이렇게 편지로 쓸 것이 아니라 직접 만나서 이야기를 해야 하는지도 몰라. 하지만 얼마 전부터 나는 차마 너를 볼 면목이 없다. 몇 달째 곁눈질로 옷장을 들여다보면서 혹시 네가 나의 임산복들 때문에 너무 우울해하지는 않는지 확인을 해 왔어. 너를 내가 임신했을 때 입었던 옷들과 함께 둔 것은 비겁한 행동이었어. 그래서 네가 삐쳐 있는 것은 당연하다고 생각해. 그렇지만 너를 언제까지나 그곳에 내버려 두지는 않을 테니까 안심해.

우린 함께 많은 일을 겪었어. 기억하지? 너의 제일 위에 있는 단추를 채우기 위해서 깡충깡충 뛰어가며 옆구리 살을 밀어 넣어야 했던 고독한 순간들도 있었고, 하도 자주 물어서 '원래 바지 무늬인가?' 생각하게 만드는 초콜릿 얼룩도 생각나니? 올이 자주 풀리는 너는 2005년부터 그런지 룩Grunge look이 '한물간' 유행이 되어 버린 것을 아쉬워했지. 너를 작아지게 하려고 안간힘을 쓰던 물빨래와 건조까지. 게다가 내 친구들이 너를 빼가려고 '너보다는 나한테 더 잘 어울릴 것 같은데' 같은 수작을 부리며 추파를 던져도 너는 그러한 압박에 절대로 굴복하지 않았어! 너는 전사야!

그렇지만 내 인생에 아이들이 들어오고 나서부터 우리 사이는 예전 같지 않지. 나의 처녀 시절 몸매는 집을 나가 버렸어. 나의 달콤한 여덟 시간 밤잠과 함께 도망쳤지. 나쁜! 게다가 임신 전 몸무게로 돌아갔어도 ('거의' 돌아갔지) 네가 그렇게 좋아하던 납작한 배와 날렵한 허벅지는 다시 볼 수 없게 되었어.

하지만 나는 결코 돌이킬 수 없다고 생각하지는 않아. 언젠가 반드시 너를 다시 입을 거야.

그날이 올 때까지 너에게 아주 중요한 임무를 하나 줄게. 너는 이제부터 옷장 지킴이가 되는 거야. 옷장 깊숙한 곳까지 두루 살피면서 그 어느 누구도 쇠약해지지 않도록 확인해야 해. 곧 비정규직 계약이 만료되는 임산부용 옷들과 굽 높이 12센티미터의 하이힐 구두, 등이 깊게 파인 원피스, 운동복까지 모두 말이야. 그들도 너처럼 몇 달 전부터 그 구석에 처박혀 있는 데에 진저리를 치고 있을 게 분명하니까. 그럼 다시 만날 때까지, 안녕!

아이들의 애착 인형 아기 토끼와의 인터뷰

약속 시간 10분 전이다. 난 파리의 한 호텔에서 아기 토끼 라피누를 기다리고 있다. 이 호텔은 '그곳의 당근 케이크는 내가 먹어 본 것 중 최고'라면서 라피누가 특별히 약속 장소로 정한 곳이다. 오후 2시 45분 휴대전화가 울린다. 라피누가 자신이 살고 있는 집의 아이가 소화불량에 걸려 낮잠 자는 동안 봐 줘야 한다며 '조금' 늦으시겠단다. 그리고 소화불량이 전염될 수 있으므로 만났을 때 뽀뽀 인사는 하지 않겠다고 했다. 그는 약속 시간 20분이나 지나서 편안한 차림으로 나타났다. 색이 조금 바랜 멜빵 청바지에 무신경하게 늘어뜨린 귀, 3일 동안 깎지 않은 수염! 잘생긴 라피누의 얼굴을 보자마자 몸과 마음이 녹아내리는 듯했다. 늦어서 미안하다고 다시 한 번 사과하면서 전날 저녁 첫째아이는 이가 나고 있었고, 작은아이도 몸이 안 좋아서 돌봐주느라 밤잠을 설쳐서 완전히 지쳐 버렸다고 그는 말했다. 그러다가 나를 위아래로 훑어보던 라피누의 눈길이 내 가슴께에서 잠시 멈췄다. 눈길은 부드러웠고 치아는 날카로웠다. 라피누는 함께 있을 수 있는 시간이 길었다면 내가 자신의 곁에 바싹 붙어 있으면 좋겠다고 생각했단다. 참으로 다정하고 달콤하다.

안녕하세요, 라피누 씨. 라피누 씨는 모든 아이들에게 사랑받는 '스타'인데 정작 본인의 사생활을 절대로 드러내는 법이 없어서 베일에 가려져 있으세요.

네, 맞아요. 저는 사생활을 지키는 것이 무엇보다도 중요하다고 생각합니다. 게다가 실제로는 제가 냄새도 나고 바라는 점도 많고 생각한 것만큼 부드럽지 않다는 것을 발견하면 저를 좋아할 사람이 없다는 사실을 너무나도 잘 알고 있어요. 사람들이 꿈을 꾸고 싶어 하고, 터무니없는 가상의 세계에 푹 빠져 보고 싶어 한다는 것은 저도 잘 알아요. 하지만 저도 그 사람들과 똑같아요. 다를 바가 전혀 없어요.

당신은 아이들에게 '최고의 친구'인데, 매일 그러한 역할을 담당하는 것이 힘들지 않은가요?

왜 아니겠어요. 특히나 바닥에 질질 끌려 다닐 때에는 정말 못 참겠어요. 아이들이 저를 너무 심하게 다룬다는 생각도 들고 가끔은 말 그대로 '번 아웃(극도의 피로 상태. 로켓의 연료가 소진되듯 심신의 에너지가 소진된 상태)'될 때도 있어요. 아이들은 아플 때마다 제가 달래 주기를 바라요. 그렇지만 저도 저만의 고민이 있고 가끔은 집에서 조무래기 님이 학교에서 독아오기를 바보처럼 기다리기보다 밖에서 햇볕을 쬐며 시원한 맥주 한 잔을 하고 싶기도 해요. 학교에서 돌아온 아이들은 씻지도 않아 끈적거리는 손으로 저를 낚아채지요. 무슨 말인지 아시겠어요? 보세요, 제 귀에는 항상 잼이 묻어 있고 입가에는 때가 타 있고, 여기저기에 침이 묻어 있어요.

그 외로움을 어떻게 달래시나요?

고백하자면 가끔 집에 아무도 없을 때 바비 인형의 집에 들어가 그곳을 차지해 버려요. 꽤 자주 그래요. 그리고 대부분의 경우, 울컥하거나 애정이 결핍되었다고 느껴질 때, 그리고 '이제 더 이상은 못하겠어!'라는 생각이 들 때, 그럴 때는 아이의 장난감 자동차를 타고 막 달려요. 다른 토끼 인형들과 다를 바가 없어요. 아이가 바비의 머리를 박박 밀어 버렸을 때 바비는 정말 힘든 시간을 보냈어요. 심한 우울증에 걸렸었어요. 마음 좋은 신사인 제가 제 방식대로 위로를 해줘야 했지요.

부모들이 항상 감시할 텐데, 그것도 힘들지 않나요?

제가 살고 있는 집의 부모들을 보면 솔직히 저는 운이 좋은 편이라고 생각해요. 아이 엄마는 내가 때 타는 것이 안 어울린다고 생각하고 아이 몰래 저를 세탁기에 넣고 거품 목욕을 시켜 줘요. 그리고 아이가 쉬를 할 때마다 바로 침대보를 간답니다. 그래서 그럭저럭 견딜 만해요. 이에 비해 제 동생은 정말 안됐어요. 굉장히 엄격한 부모가 있는 집에 들어갔거든요. 부모들이 동생에게 1일 3교대를 하라고 해서 동생은 '집—어린이 집—집'을 반복하고 있어요. 물론 제 동생은 녹초가 되어 버렸어요. 보기도 겁나요. 수척해지고 털은 떡이 져 있고 냄새까지 나거든요.

만약 애착 인형이 아니었다면 무엇을 하셨을까요?

사실 제 인생의 목표는 응급 처치 전문의가 되는 것이었어요. 학대받아서 팔 한쪽이 없는 인형, 한쪽 눈이 없거나 아예 눈이 없는 인형들을 볼 때마다 그 인형들을 위해 내가 무엇인가 해주고 싶었거든요. 지금 당장은 방법이 없기 때문에 우선 '애착 인형에게도 생명이'라는 노조에 가입했어요. 아이들이 깜빡하고 공원이나 택시, 길에서 잃어버리는 인형들의 숫자를 보면 저희가 풀어야 할 과제가 시급하고 심각

함을 실감해요. 아, 그리고 이 인터뷰에서 제가 후원하고 있는 '방황하는 인형'이라는 협회를 좀 광고하고 싶은데요. 여러분, 저희와 함께 해주십시오. 여러분의 후원금과 자원봉사가 필요합니다. 저희와 함께 해주십시오. 저희 사이트를 방문해 주시기 바랍니다. 현재 저희는 GPS 등 새로운 기술을 적용하면 매년 길 잃은 200여 개의 인형을 도와줄 수 있을 것으로 예상하고 있습니다. 또한 불우한 인형에게 따뜻한 식사를 제공하는 '익힌 당근'이라는 불우이웃 돕기 운동도 시작했습니다.

벌써 4시 10분이다. 곧 아이들이 돌아오기 때문에 라피누 씨는 집에 들어가야 한다. 내가 자기를 다시 안아 주기를 바랐다고 하면서 자신이 곰 인형보다 훨씬 부드럽다고 강조하며 돌아선다. 말을 듣고 있자면 안 믿을 수가 없는 느낌이다. 그러나 허풍떠는 말임을 단번에 알 수 있다!

당신이 쥐구멍에 들어가고 싶을 때

"얼마 전, 아이가 공공장소에서 큰 소리로 '엄마 거기에는 왜 그렇게 털이 많아?'라고 물었을 때" — 카미유, 27세

"아이가 소아과 의사에게(다행히 의사는 못 들은 척했다.) '우리 엄마는 엉덩이로 트럼펫 소리를 내요'라고 했을 때" — 비르지니, 36세

"대형 마켓 한복판에서 딸이 큰 소리로 '엄마 봤어? 뽀르노(뽀로로를 말하는 것이다)야!'" — 네시, 30세

"큰아들과 장을 보고 있었다. 눈이 부리부리하고 턱이 조금 나온 아저씨를 보고 아이가 큰 소리로 '엄마, 저 아저씨 김구라 아니야?'라고 말했다. 정말 창피하긴 했지만 한참 웃었다." — 엠마누엘, 30세

"어느 날 학교 앞에서 여섯 살짜리 딸을 혼내고 있는데 갑자기 딸이

'엄마, 노란색 이빨 있네'라고 했을 때."   — 카티, 39세

"아이가 자신의 생일 파티에 초대받아 온 모든 사람들 앞에서 '신발 때문에 엄마 발에서 냄새가 너무 심하게 나요'라고 했을 때."

— 크리스텔, 26세

비가 올 때 아이들과 함께하는 놀이 5가지
(좋은 결과는 기대하지 마시라!)

오늘도 또 비가 온다. 장마철이니 연일 비가 내리는 것은 당연하다. 다만 오늘은 오후에 아이들과 동물원에 가려고 했는데, 글러 버렸다. 그래도 아직 실망하기에는 이르다. 비록 태양이 당신을 배신하기는 했지만 장난감 통 속에는 저녁 목욕 시간까지 숨 돌릴 틈도 없이 할 수 있는 발달 놀이가 있다. 자, 아틀리에를 열고 집안 놀이를 시작해 볼까.

활동 1 스티커 붙이기와 색칠하기

준비 각양각색의 스티커를 사자. 그리고 아이가 당신의 얼굴에 스티커를 알록달록 붙여 우스꽝스럽게 되는 것을 두려워하지 말자.

기대 당신의 아이는 선에 맞춰 색칠을 하고 펜 뚜껑도 다시 닫아 놓는다. 스티커도 붙여야 할 곳에 잘 붙인다. 아이는 피카소의 천재성과 ~~반 고흐~~의 간수성까지 갖춘 듯하다.

현실 아이는 색칠 공부 책에 있는 '눈의 여왕'을 서투르게 칠한다. 여왕은 초록 머리에 무지개 색깔 드레스를 입은 공주보다는 요란한 화장에 금가루까지 덕지덕지 칠한 바보들의 여왕을 더 닮았다. 스티커는 완벽하게 붙었다. 책상 위에. 떨어지지도 않는다. 수성펜은 더 이상 나오지 않는다. (게다가 휴지통으로 혼자 굴러들어 간다.)

활동 2 쿠키를 만들자!

준비 모든 재료를 미리 사 놓자. 그렇지 않으면 아이가 바닥에 뒹굴면서 엉엉 우는 사태가 벌어질 수 있다.

기대 당신의 아이는 달걀껍질이 들어가지 않도록 조심하면서 볼에 달걀을 깨고 흰자와 노른자 분리도 잘한다. (당신도 아직 마스터하지 못한 기술인데 말이다.) 밀가루를 바닥에 흘리지도 않고 머랭마저 잘 만든다. (당신은 이것도 아직 마스터하지 못했다.)

현실 밀가루 반죽 세 번만 섞고 나더니 지겹다면서 만화 보겠다고 한다. 둘이서 쿠키에 넣으려고 사온 초콜릿을 다 먹어 버린다. (더 정확히 말하자면 아이는 두 조각을 겨우 먹고 당신이 나머지를 다 먹어 치운다.) 결국은 당신이 쿠키를 만들기로 결심하고 무설탕 요거트를 넣은 쿠키를 만들지만 아이들이 먹지 않아서 5일 동안이나 식탁에 방치된다.

활동 3 그림을 그리자!

준비 손가락 그림용 물감과 앞치마, 붓.

기대 당신의 아이는 머리와 머리카락, 두 눈과 두 귀, 입을 가진 잘

생긴 사람을 그린다. 이 사람은 당연히 두 팔과 두 손, 배, 두 다리와 두 발이 달렸다.

현실 아이가 그린 사람은 방금 감옥에서 나온 바보 같다. 게다가 보라색 머리를 한 그 사람과 내가 닮았다고 하니 아이가 색맹이 아닌가 걱정까지 된다.

활동 4 소꿉놀이를 하자!

준비 매일 저녁 야채를 안 먹겠다고 한 아이에게 시금치와 익힌 엔다이브(Endive, 꽃상추의 한 종류로 작은 배추처럼 생겼다.)를 먹이면서 복수할 것.

기대 당신의 아이는 나무로 된 식기류를 던지거나 당신을 때리지 않고 얌전하게 소꿉놀이를 한다.

현실 당신의 '악동'이 당신의 화장품, 구슬 입욕제를 꺼내 온다. 눈 튀어나오게 비싼 데일리 크림까지 꺼내 와서는 '콩알만큼만' 쓴다고 하면서 거의 다 비워 버린다. 그러고 나서 바로 5분 뒤에 자신이 만든 요리를 맛보라고 한다. 당신의 화장솜이 동동 떠 있는 구슬 입욕제 수프다. 안방의 휴지통에서 찾았을 테니 안심하자.

활동 5 고무찰흙 놀이

준비 크리스마스나 아이의 생일에 용감하게도 고무찰흙을 선물해 줄 가능성이 있는 사람은 당신의 인생에 들여놓지 말자.

기대 당신까지도 어떻게 하면 여기저기 고무찰흙을 흘리지 않고, 색이 섞이지 않게 반죽하여 얼음 만들기나 피자 만들기 놀이를 할 수 있게 되는지 알게 된다.

현실 아이는 자신이 만든 순대가 망가졌다고 20분 동안이나 울고, 새로 산 지 며칠 되지도 않은 카펫에는 새똥 같은 고무찰흙이 지울 수도 없게 눌려 딱 붙어 버렸다.

다른 부모들이 당신의 질투심을 유발시키는 것들

"침착함을 잃지 않는 일(특히 마트에서)."　　　　　　　— 오펠리, 27세

"그 부부의 아이들은 혼자서도 잘 논다. 그것도 오랫동안 말이다!"
　　　　　　　　　　　　　　　　　　　　　　　— 셀린느, 32세

"장시간 동안 흐트러지지 않게 머리를 완벽하게 만져 주기. 나는 아침에 딸의 머리를 하나로 꽉 매어 주기만 하는데 그것마저도 오후가 되면 까치집을 올려놓은 듯한 모양새가 된다."　　　— 사만다, 28세

"모든 상황을 예상하고 철저하게 준비하는 엄마. 그 엄마는 항상 15분 전에 도착하는데 자기 머리까지 드라이할 시간이 있다. 가방에는 휴지, 비상약 파우치, 소독용 물티슈까지 있다. 내 가방에는 과자 부스러기만 있을 뿐이다."　　　　　　　　　　　— 린지, 29세

"유모차나 접이식 아기 침대를 2분의 2박자에 맞춰 정확히 접는 엄

마. 나는 하루 종일 걸려서 접거나 아예 못 접을 때도 있다."

— 줄리, 28세

"체육 수업에 데려가면 다른 아이들은 집중해서 수업을 따라가는데 우리 딸은 혼자서 장난치면서 친구와 놀려고만 한다. 바로 그때 다른 엄마들은 나를 '당신 딸은 당신의 말을 안 들어도 된다고 생각하나 봐요?' 하는 얼굴로 나를 쳐다본다."

— 마리-린, 37세

"장난감을 잘 분류해 정리하는 엄마. 우리 집의 장난감 정리함은 이틀에 한 번씩 폭탄을 맞는 것 같다."

— 소피, 29세

"다른 사람의 아이들 앞에서 인내심을 발휘하기."

— 안젤린, 26세

아이들이(당신 역시) 도망치는
할머니(시어머니) 유형 3가지

'멋쟁이' 할머니

출산을 한 데다 나이가 들었음에도 불구하고 이비자 해변(스페인의 이비자 섬에 있는 해변, 유럽의 10~20대가 가장 가고 싶어하는 휴양지)의 사춘기도 지나지 않은 여자아이들처럼 몸매가 가늘다. 몸만 여신처럼 야리야리할 뿐만 아니라 입은 옷도 "나 좀 보세요! 나 좀 보세요!"라고 소리를 지르는 듯하다. 날씨가 12도 이하로 내려가도 파이톤 원피스에 하이힐을 신고 있다. 당신이 어린이 대공원에 가자고 해도 풀 메이크업을 하고 올 것이다. 당신이 "어머니는 언제나 최고로 멋지세요!"라고 감탄하면 "내가 최고라고? 나 오늘 최악이야. 머리 좀 봐."라고 한다. 자신을 할머니라고 부르는 것을 거부하지만 아이들은 그런 할머니를 사랑한다. 아들은 할머니와 결혼하겠다고 하고, 딸은 할머니를 닮고 싶어 한다.

그런데 그러한 어머니와 아이들과 함께 산책할 때면 사람들은 당신을 아이의 엄마가 아닌 아이 두 명을 입양한 50대 불법 체류 이민자 육아 도우미로(할머니를 엄마로 보고 정작 엄마는 불법 체류한 이민자 육아 도우미로 본다는 의미) 본다. 이런 할머니는 '더 셀러브리티' 잡지 커버를 장식하기에 딱이다. 항상 돋보이길 원하고 결국에는 원하는 바를 얻으니까.

할머니의 명언 : "내 몸무게가 1킬로그램이 늘어나서 더 이상 44사이즈 티셔츠가 안 들어가. 내게는 9.11사태나 마찬가지라고!"

어떻게 그녀를 진정시킬까? 웨이트 와처스(Weight Watchers, 건강 다이어트 회사) 모임에 가둬 못 나오게 하라.

'답답하고 멍청한' 할머니

할머니의 주요 활동 당신의 인생 망치기. 할머니에게는 모든 것이, 정말 모든 것이 걱정거리다. 아이들이 먹는 크루아상 빵이 구부러진 것도 걱정스럽고, 아이의 식욕과 지적 발달 수준도 걱정스럽다. 한숨을 푹푹 쉬면서 당신의 교육 방식 하나하나를 지적한다.

할머니는 아침에 육아 TV 프로그램을 볼 때마다 당신에게 전화해서 "이거 중요하다."라면서 수화기를 TV에 갖다 대고 들려준다. 만약 이 할머니가 당신의 어머니라면, 할머니는 사위를 '아무짝에도 쓸모없는 인간', '게으름뱅이'로 한없이 깎아내린다. (당신은 왜 당신의 아버지가 어머니를 떠났는지 이제 이해한다.) 만약 할머니가 당신의 시어머니라면, 당신은 왜 (연애 당시 아직 시어머니와 살던) 당신의 신랑이 만난 지 5일 만에 결혼하자고 했는지 이제 이해한다. 시어머니는 연락도 없이 불쑥 나타난다. 당신이 자신의 아파트가 별장은 아니지 않느냐고 하면, 할머니는 대답한다. "다행인지, 여기 인테리어는 형편없지만 네 옷이랑은 잘 어울린다, 애."

어떻게 그녀를 진정시킬까? 할머니가 당신과 당신 자녀로부터 500미터 이내 접근 금지하는 법원 명령이라도 있어야 할까?

'독립심 강한' 할머니

당신은 할머니에게 아무것도 부탁할 수가 없다. 아침 7시 45분, 회사에서 아침에 절체절명의 회의가 있는데 아이가 아프다. 당신이 울면서 전화를 하지만 할머니는 "시간이 어긋났네. 나 오늘 아쿠아 에

어로빅 수업이 있거든. 코치가 잘한다고 칭찬해 줘서 빠지고 싶지 않네."란다.

당신의 집에서 두 블록밖에 안 떨어진 곳에 살면서도 시장에서 당신을 마주치면 당신을 못 본 척하며 다른 인도로 가 버린다. 그리고 할머니들의 '손주 책임지지 않기' 운동을 벌이는 할머니들의 모임 사이트 링크를 당신에게 보낸다.

당신 아이의 생일 파티에 오면서 귀마개와 구석에 앉아 읽을 책을 가져온다. 그리고 어느 날 당신에게 실토한다. "얘야, 나는 네 아이들이 싫구나. 그래도 안심해라. 나는 원래 아이들을 싫어하니까."

할머니의 명언 : "나 시간 안 된다니까! 아, 어떻게 지내냐고 물어본 거였어? 나야 잘 지내지. 고맙다."

어떻게 그녀를 진정시킬까? 〈안녕하세요〉라는 대국민 고민상담 프로그램에 출연하여 당신의 고생담을 말해 보자. 그리고 '슈퍼 할머니' 대회에서 아이들의 할머니와 대체할 수 있는 할머니를 찾아보는 것이 어떨까?

갓난아기가 있는 부모들이
진심으로 털어놓는 하소연 10가지

1. 왜 하필이면 유아방으로 출발하려고 하는 순간에 아이는 기저귀에 똥을 싸고 대놓고 놀리는 것처럼 크게 웃으면서 나를 쳐다보는 것일까?(게다가 아이는 장갑, 모자, 우주복, 신발로 무장하고 유모차 안에 포근하게 누워 있다.)

2. 유아방에 아이를 찾으러 갈 때마다 다른 아이들은 종이접기나 구슬엮기 놀이를 열중해서 재미있게 한 것 같은 반면 내 아이는 왜 헤비급 권투 시합이라도 마치고 나온 듯이 온통 땀에 젖어 있고, 머리는 산발에, 콧물이 코 주변에 번져 나와 있고 다리에는 멍이, 얼굴에는 할퀸 상처가 있는 것일까?

3. 왜 나는 아이가 먹기 싫다면서 내 얼굴에 던져 버리는 유아식들만 선심진력으로 만들까?

4. 왜 내가 카메라 전원을 켜기만 하면 아이는 귀여운 짓을 안 할

까?(핸드폰 카메라도 마찬가지다. 찍을 준비만 하면 정색을 한다.)

5. 집에 휴지가 쌓여 있는데 아이는 왜 휴지로 코를 풀지 않고 티셔츠 소매로 풀까?

6. 내가 분노에 사로잡힐 때마다 아이는 왜 웃음을 터뜨릴까? 다른 아이들은 그들 부모가 무섭게 한 번만 쳐다보면 당장 하던 짓을 멈추는데 왜 내 아이는 내가 화를 내도 태연한 걸까?

7. 집에 장난감이 넘쳐나는데 아이는 왜 항상 다른 것들을 가지고 (컴퓨터 전원 빼 버리기, 콘센트에 손가락 넣기, 스탠드나 거울에 기대기 등) 바보 같은 짓을 할까?

8. 왜 아이는 1분도 혼자 있지 못하고 목숨이 걸린, 생사의 문제가 걸린 듯이 화장실까지 나를 졸졸 따라다닐까? 내가 안아 주려 하면 빠져 나가려고만 하면서 말이다.

9. 내가 가장 아끼는 드레스를 입을 때마다 아이는 왜 그 위에 토를 할까? 머리도 마찬가지다. 방금 미용실에서 나왔는데 아이가 머리에 침을 흘린다.

10. 왜 기저귀를 벗기자마자 얼굴에 오줌을 맞아야 할까? 그리고 왜 깨끗한 기저귀로 갈아 주자마자 응아를 하는 것일까?

도대체 왜냐고!!!!

바캉스, 뭘 타고 가야 할까?

질문 속에 답이 있다는 사실을 당신도 이미 알고 있다. 당신이 나처럼 두 작은 야생마와 함께 살고 있다면, 바캉스를 떠나는 일이 백화점 세일 첫날에 벌어지는 난투극을 방불케 한다는 점을 이미 알고 있을 것이다. 그래도 당신은 바캉스가 필요하다. 아니라고 해봐야 소용없다. 내 말이 맞다. 당신의 주름과 머리를 좀더 가까이에서 보면 바캉스가 아니라 안식년이 필요하다고 인정하지 않을까?

어쨌든 당신에게는 한 주간의 바캉스가 있다. 아예 없는 것보다 훨씬 나으니 불평은 말자. 코사무이(최고의 신혼 여행지로 손꼽히는 태국의 휴양지)로 가는 바캉스는 하이힐을 신고 해변을 걷는 것만큼 가족 여행에 맞지 않다. 코사무이와 비슷한 꿈에 그리던 휴양지는 일단 접어 두고 당신은 분명히 캠핑장이나 민박집, 호텔, 가족 별장 같은 곳을 선택했을 것이다.

이제는 떠나기만 하면 된다. 그래, 떠나면 된다. 그런데 문제는 떠나는 시점부터 일이 꼬이기 시작한다는 것이다.

여행용 티슈로 황금빛 변을 자랑하는 아기 엉덩이를 닦고 기저귀를 갈아 주는 일을 좋아하거나 아이를 안고 좁은 통로를 5, 6번 왔다 갔다 해도 상관없다면, 또는 아이를 달래는 데에 애를 먹고 있는 당신을 도무지 이해하지 못하는 노인들의 고약한 잔소리나 얌전하게 그림 그리고 있는 아이의 부모가 던지는 거만한 시선과 아이의 발길질에 전혀 개의치 않는다면 타도 된다. 3분마다 '테이블을 올리고 내리는 놀이'가 재밌거나 아이들이 한 시간이 넘도록 비행기 창문 가리개를 여닫으며 노는 바람에(창문 가리개를 갖고 놀 수 없는 이착륙 시에는 더 괴롭다.) 지금이 낮인지 밤인지 분간이 안 되어도 괜찮다면, 아이들이 귀가 아프다고(아니면 단지 귀가 좀 이상할 뿐인데) 징징거리는 것도 괜찮다면 비행기를 타도 좋다.

(당신 자리는 26번 칸인데 식당 칸이 3번 칸이라) 아이와 함께 반 시간 넘게 걸어 식당 칸으로 가도 괜찮다면, 갔는데 망고 주스가 있다는 사실만 확인하고 자리로 돌아가도 괜찮다면, 아이가 2분마다 한 번씩 창밖으로 보이는 건물을 보고 "엄마, 저건 뭐야?"라고 물어도 좋다면, 당신이 아이들을 달래려고 식탁에 놓은 동화책 『강아지 똥』을 옆자리 아이가 불법 점거해 버려도 괜찮다면 기차를 타라.

아이가 구토를 하는데 당신까지 배 멀미를 해도 괜찮다면, 당신이 25m 아래로(배 밖으로) 뛰어내리지 못한다고 아이들이 새가슴이라 놀려도 좋다면, 가는 데만 10시간이나 걸려도 괜찮다면, 고생스러운 바캉스 계획을 마다하지 않는다면 배를 타도 좋다.

휴지도 얼마 남지 않았는데 (아, 아니다. 그나마 남아 있던 휴지도 아이가 당신의 가방 위에 토했을 때 써 버렸다.) 화장실이 없는 곳에서 아이를 일보게 하느라 10분마다 차를 세워도 괜찮다면, 뒷좌석에서 나는 구토 내용물 냄새를 맡으며 운전해도 좋다면, 〈겨울 왕국〉 주제가를 신물나도록 들어도 좋다면, 50분 넘도록 '파란색 찾기' 놀이를 하게 되어도 좋다면, 그렇다면 승용차를 타고 가도 좋다.

그러나 당신이 어떠한 선택을 하든지 이제 시작이라는 사실을 잊지 말라. 즉, 가는 것도 가는 것이지만 다시 돌아와야 한다는 사실을!

바캉스 기간에 당신을 대략 난감하게 하는
5가지 엄마 유형

VIP 엄마는 굽 12cm짜리 하이힐을 신고(물론 모래 해변에서도 결코 벗지 않는다.) 자신이 갖고 있는 액세서리 중 가장 아름다운 것(실리콘 넣은 가슴)과 네일 컬러와 색깔을 맞춘 26사이즈 빨간색 삼각 비키니에 잘도 숨긴 근사한 몸매를 자랑하며 해변을 누빈다. 남자들에게 의미심장한 눈길을 보내며 추파를 던지고 (당신 남편을 포함한) 남자들은 입이 떡 벌어진다.

수영장에서 나올 때도 마치 '국제 바보 영화제(영화제가 열리는 프랑스 도시 이름인 '칸cannes'과 '바보, 멍청이'라는 의미의 '콘connes'의 발음이 비슷한 데서 만든 말장난)'에 입장하는 배우 같다. 그녀가 당신 남편에게는 선탠이 잘 되어(흑백 대비가 뚜렷해서 우스꽝스러움에도 불구하고) 근육이 돋보인다고 말하고, 당신이 먹고 있던 테이블 위의 감자튀김을 보면서 당신에겐 임신 중에 불어난 살을 빼는 것이 너무 힘들지는 않느냐고 크게 물어본다. (그녀가 증오스럽다). "네 아들은 어디에 있어? 키즈 클럽에 맡겼니?"라고 묻는 말에 만사태평으로 대답한다. "응, 그런데 키즈 클럽은 5시까지인데 나 조금 있다가 복싱 다이어트 수업이 있거든. 혹시 아이 좀 맡아줄 수 있어? 아, 네가 최고야. 아이가 좋아하는 게임기도 함께 줄 테니까 딱 한 시간만 부탁해."

'자연인' 엄마

공항에서부터 눈에 띈다. 그녀는 카페 직원에게 팜유가 잔뜩 들어간 크루아상 대신 유기농 빵은 없는지 묻는다. 그녀는 자신보다 더 큰 배낭을 메고 있고 아이의 허리에는 머플러가 감겨져 있다. 눈에 안 띌 수가 없다. 호텔에 도착하자마자 국민 운동복으로 갈아입고 바캉스 내내 그 차림을 하고 있다. 첫날 저녁부터 그녀가 보이지 않는다. 아이들과 벌써 트레킹을 떠난 것이다. 마지막 날 다시 나타난 그녀는 당신에게 기저귀 하나만 빌려달라고 한다. 그녀는 빨아 쓰는 기저귀를 신봉하는데 아이가 소화불량에 걸려 대략 난감한 상황이 닥친 것이다. 결국 그녀가 당신이 쓰고 있는 물티슈에 관심이 있다는 뜻이다.

'클럽' 엄마

나이트클럽 경력 12년의 엄마이다.

아페리티프(식전에 마시는 술) 시간? 당연히 그곳에 있다. 저녁 파티에서 항상 스테이지 위에 올라가 춤추는 사람? 당연히 그녀도 그중 한 명이다. 칵테일 마시는 바? 당연히 그곳에도 있다. 당신은 리조트 대표의 이름도 기억 못하지만 그 엄마는 모든 행사 진행자의 이름을 외

우고 부를 때에는 성을 붙이지 않고 친근하게 이름만으로 부른다. 그녀는 당신에게 '클럽 정신'에 대해서 열 번도 넘게 설명해 준다. '클럽 정신'이란 "아이들과 함께 와서 10시에서 16시까지 아이들은 미니 클럽에 맡겨 두고 우리는 남자와 칵테일 한 잔을 하거나 운동을 하거나 해변에서 빈둥거리는 것이에요. 옆에서 모래를 먹는 아이 때문에 책은 열어 보지도 못하는 그런 바캉스가 아니라 진짜 바캉스를 말하는 것이라고요!"

'껌딱지' 엄마

'껌딱지' 엄마는 자신의 13개월짜리 아이를 데리고 온 싱글맘이다. 이 엄마는 당신에게 세 시간이 넘도록 경이로운 출산, 남편이 세미나에서 만난 스물세 살짜리 여자와 눈이 맞아서 도망가는 바람에 완전히 망가진 자신의 러브 스토리, 남편의 이혼 요구, 양육 문제 등을 늘어놓는다. 그러면서 이곳에는 긴장을 풀고 머리를 식히러 왔다고 한다. 그러다가 가족과 함께 지나가는 당신을 보자마자 눈에 눈물을 맺고 울먹이기 시작한다. 수영장에서는 항상 당신의 옆에 있는 데크 의자를 예약하고 누워서 당신에게 상처받은 한 여성의 이야기를 쏟아 놓는다. 다시 기운을 되찾기 위해서 그녀는 지금 『싱글맘 사용 설명서』를 읽고 있고 전 남편을 약 올리려고 4킬로그램을 빼기로 결심했단다. 그리고 지금은 연애 감각을 잃지 않고 미래의 싱글맘 인생을 위해 호텔에서 열리는 리셉션을 총괄하는 매력남을 꼬시고 있다.

완벽한 엄마

당신의 아이들은 오로지 감자튀김과 파스타, 아이스크림만 먹고 싶고 다른 것을 주면 단식 투쟁을 할 것이라고 소리를 지르며 당신을 협박하는데, 그 엄마의 아이들은 식탁에 얌전하게 앉아서 강낭콩 요리와 (튀김옷이 거의 없는) 돈가스를 먹는다. 식사 도중에 식탁에서 일어나 뛰어 다니면서 옆 테이블에 있는 가족을 귀찮게 하는 일도 없다. 당신이 아이들을 몇 분만이라도 조용히 시키려고 좋아하는 만화책을 주면서 테이블에 앉혀 놓는 반면 그 엄마의 아이들은 조용히 앉아서 도미노 놀이를 한다. 게다가 그 엄마의 남편은 비치 데크에 앉아 있을 때 한 마리의 날렵한 상어를 연상케 하는 반면, 한 손에 맥주를 들고 선글라스 뒤로 싸구려 남성 잡지를 몰래 곁눈질하는 당신의 남편은 거대한 고래 한 마리 같다.

아이는 '미운 세 살', 엄마는 '위기의 30대'

일종의 '사춘기'를 겪는 데에 나이는 별로 상관없는 듯하다. 서른 살을 기준으로 엄마는 이전과 이후로 구분되고 마찬가지로 두 살을 기준으로 아이도 구분된다. 또한 그 시기에 아이들은 물론 엄마들도 최고의 반항기를 보낸다. 아이에게는 '미운 세 살' 위기가, 엄마에게는 '30대'의 위기가 닥쳐온다.

'싫어!'

미운 세 살 모든 것에 "싫어!"라고 하기 시작한다. 목욕도 '싫고', 우유도 '싫고', 코 자는 것도 '싫단다'. 게다가 점점 다른 손짓, 발짓을 더해 싫다는 표현을 한다. 발길질, 땅바닥에서 구르기, 거꾸로 고꾸라지기, 요리조리 피하기 등……. 가끔은 작은 주먹을 휘두르기도 한다. '싫어'라는 뜻임을 엄마가 끝까지 이해하지 못할 때에는 괴상한 소리까지 낸다.

위기의 30대 당신도 마찬가지로 "싫어!"라고만 하고 싶다. 어제부터 싱크대에 쌓여 있는 설거지도 하기 '싫고', 반복되는 똑같은 하루하루와 한 주도 '싫고', 이마에 보이기 시작한 주름도 '싫고', 곁눈질로 보고만 있어야 하는 28사이즈의 청바지도 '싫고', 당신이 아무것도 할 줄 모르는 것 같아 도와주러 온다는 시어머니도 '싫고', 다 싫다.

'헐리우드 스타일'

미운 세 살 아이는 당신이 〈라푼젤〉에 나오는 사악한 엄마를 닮은 끔찍한 엄마(할아버지한테 들었다.)라는 것을 증명이라도 하려는 듯이 비장한 〈장화 신은 고양이〉의 눈빛으로 바닥에 주저앉다가 구르면서 풋내기 극작가로서 자신의 에너지를 뿜어 낸다. 그런데 이번에는 아이가 맞다. 왜냐고? 저녁 시간에 아이에게 사탕 대신에 감히 방울토마토를 주었지 않는가!

위기의 30대 당신도 마찬가지다. 거울 앞에 있는 '우리 자기'의 품에서 해변에 밀려 올라온 거대한 고래가 아양을 떨듯이 '나 입을 옷이 없어!'라면서 북받치는 울음을 참지 못하고 터트린다. 당연히 '봐봐, 이 원피스를 입으면 푸대자루 같아.'와 같은 하소연과 '아무튼 나 너무 살 쪘어. 당신은 나를 쳐다보지도 않잖아.'라는 후렴구가 뒤따른다. 이 후렴구는 주말마다 한 번씩 해주어야 '자기'의 기분을 띄울 수 있다. 그리고 끝이 보이지 않는 다이어트가 시작된다. 듀칸 다이어트, 단백질 다이어트, 최신 유행 '5대 2 다이어트', 그리고 자라ZARA와 에이치엔엠H&M에서 충동적으로 쇼핑하기까지, 해보지 않은 다이어트가 없다.

'마시멜로'

미운 세 살 어린이집에 데려다주려고 옷을 입히기 시작하자마자 이 '미운 세 살'은 14킬로그램짜리 구더기로 변신하여 당신의 품으로 굴러 떨어진다. 아이의 몸은 마치 녹아내리기 시작한 마시멜로와 같아서 팔을 잡으려고 하면 축 처져 흘러내리는 것 같다. 그런데 이상한 것은 유모차나 어린이용 의자, 차 뒷자석에 앉히려고만 하면 아이 몸이 시멘트처럼 굳어 버린다는 것이다.

위기의 30대 아침에 일어났는데 힘이 빠져 버린 두 다리는 몸 아래로 도망쳐 버렸고 정오까지 침대에 있고 싶다는 정신 나간 생각이 든다. 주중이든 주말이든 마찬가지다. 둘이 합쳐 35킬로그램의 아이들을 안거나 유모차를 밀어 주고 나면 저녁에 당신의 팔은 힘이 빠져 과일조림처럼 물렁물렁해진다.

'집착'

미운 세 살 아이는 어린이집에서 돌아오는 길에 '막대사탕'이라는 단어를 230번 반복한다. 그리고 어떠한 단어에 당신이 가장 먼저 굴복하는지 보려고 '젤리', '빵'이라는 단어도 시험해 본다. 식탁에 앉으면 당신이 준비한 것은 먹지 않겠다고 단호하게 거부한다. '집착'의 또 다른 버전도 있다. 아이는 말 그대로 접시를 집어 던지고 자신이 원하는 것은 당신이 준비한 고기구이와 브로콜리가 아닌 젤리와 막대사탕이라는 것을 당신이 이해하지 못할 경우에는 얼굴까지 시뻘게

진다.

위기의 30대 주말에 당신은 남편에게 화장실 좀 깨끗이 쓰고 변기 커버를 내려놓으라는 말을 230번 반복한다. 월요일에는 두루마리 휴지에 대한 잔소리 32번, 화요일에는 침대 아래에 있는 양말을 가지고 잔소리 26번, 수요일에는 1년 전부터 선반을 만들라고 했다는 잔소리 29번, 목요일에는…… 이쯤이면 당신은 내가 무슨 말을 하고 싶어 하는지 알 것이다.

'폭군'

미운 세 살 아이가 원하는 것은 그 순간에 그곳에 있어야 한다. 아

니면 자신의 발작 사정거리를 분명히 하기 위해 현지에 있는 다른 사람들을 이용한다. 쇼핑센터나 학교 앞은 이러한 전략을 테스트하기에 안성맞춤이다. 이러한 전략의 최종 목표는 엄마를 최대한 곤란하게 만들어 최대한 빨리 자신의 변덕에 굴복하게 만드는 것이다.

위기의 30대 당신이 원하는 것은 그 순간에 그곳에 있어야 한다. 당신이 머리를 감아야 하니까 남편은 욕실에서 나와야 하고, 당신이 응접실이라고 생각하는 곳은 말끔히 정리되어 있어야 하고, 이마트 배달은 정확히 오후 1시에 도착해야 하고, 아침마다 남편이 두 번 꼭 안아 주어야 한다. 당신은 여왕이다. 그뿐이다. 그리고 주위에서 당

신 아들이 그 점에 대해 타박타박 반박하지 않도록 미리 주의시켜야
한다.

'모순'

미운 세 살 단지 부모의 한계를 시험하기 위해 하지 말라고 하는 것
만 정확히 한다. "때리면 안 돼, 소리 지르면 안 돼요, 식탁에서는 가
만히 앉아 있어야지, 욕조 밖으로 장난감 던지면 안 돼."와 정확히 반
대로 한다. 정확히.

위기의 30대 당신도 당신에게 불가능한 것만 하고 싶다. 국가 장학
금을 받아 혼자 유럽으로 유학도 떠나고 싶고, 클럽에 가서 밤새도록
놀고 싶고, 초콜릿이 몇 그램인지 상관하지 않고 다 먹어치우고 싶고,
오후 5시 반에 목욕하고 싶고, 라이언 고슬링(Ryan Gosling, 캐나다 출신의
미남 영화배우)과 뜨거운 밤을 보내고 싶고……. 아직 젊은 30대 주부여,
즐기고 싶을 때는 즐겨라. 수많은 독자들도 당신의 떠나 버리고 싶은
심정을 모르지 않을 것이다.

당신이 아이에게 가장 많이 하는 말

"나는 네 친구 아니다."   — 줄리, 30세

"엄마 좀 내버려둬어어어어."   — 엠마, 22세

"안 된다고 했지!"   — 셀린느, 36세

"'그럼, 엄마도 널 사랑해.' 하지만 이렇게 말하고는 그날 아이가 해야 할 일들을 나열한다.('양치질 해야지? 방 정리해야지?' 등)"

        — 모드, 31세

"우리 아기 사랑해, 네가 제일 예뻐."   — 샤를롯, 31세

"엄미도 팔 두 개밖에 없어. 엄마는 시바Shiva신이 아니라고!"

        — 에갈리메르, 44세

"아직 안 끝났어. 이리 오지 못해!"　　　　　　　　　　— 소피, 33세

"'장난감 치워!'라는 고전이 있다면 '그거 하지 마.'는 시간과 시대를 초월한 말이다. 최근에 한 가지 늘었는데 '동생 신경 쓰지 말고 너나 잘해!'가 있다."　　　　　　　　　　　　　　　　— 카푸신, 27세

"거기 먹을 거 아무것도 없어. 어서 냉장고에서 나와!"
　　　　　　　　　　　　　　　　　　　　　　— 프레데릭, 29세

"엄마가 네 심부름꾼이니?"　— 소피, 28세

"그래~ 엄마 갈게!(딸에게), 젠~장! (머릿속으로는)"　　— 바네사, 32세

"응, 응, 듣고 있어."　　　　　　　　　　　　　　— 아마딘, 33세

"빨리 좀 해!"　　　　　　　　　　　　　　　　　— 릴리, 33세

아이는 나의 훌륭한 흑기사!

(단 한 번도 아이 핑계를 대 보지 않은 사람은 가장 먼저 남을 비난하는 사람이다.)

또 회사에 지각했을 때 "엘리베이터 앞에서 아이가 저한테 토를 했어요. 자세하게는 말 못하겠지만 제 머리며, 옷이며, 복도 깔개에…… 계속할까요?"

당신이 고모 댁에 가기 싫을 때 "안녕하세요, 고모. 아이가 성홍열을 앓고 있는데 전염성이 강하대요. 저는 가고 싶은데 고모한테 옮아서 고모가 앞을 못 보시게 될까 봐 겁이 나요. 벌써 귀도 어두우시잖아요. 아, 네 그래요. 고모 말이 맞아요. 괜히 위험한 짓을 하면 안 될 것 같아요."

화장실이 급할 때 공항 화장실에 사람이 많으면 당신은 아이를 데려가 "아이가 옷에 쌀 것 같다고 하는데 먼저 좀 들어가도 될까요. 정말 많이 급한가 봐요." 하면서 줄 앞으로 간다.

남편이 당신에게 대답하기 싫은 질문을 했을 때, 교란 작전을 펼 수 있다 "내가 말했었나? 쟤 때문에 오늘 또 교장 선생님께 불려 갔어. 왜 불려 갔는지 알아? 아니 글쎄, 수학 선생님이 문제 하나 풀어 보라고 했는데 거기에 대고 '아, 지긋지긋해.'라고 했대. 도대체 어디서 그런 말을 배웠는지 모르겠다니까."

근처 가게에서 저녁거리를 긁어 모으고 싶을 때 1단계 — 마트에 아이를 데려간다. 2단계 — 아이에게 달콤하고 상냥하게 '빵 주세요.', '치즈 주세요.', '포도 주세요.', '방울토마토 주세요.', '물 한 잔 주세요.'라고 말하게 한다. 3단계 — 자, 이제는 양치하고 자러 가야지.

당신이 무엇인가 필요한데 아이가 옆에서 아무것도 안 하고 있을 때 "사랑하는 아가야, 엄마 핸드폰 좀 가져다줄래? 그래 저쪽, 좀더 그쪽으로, 좀더 왼쪽으로. 그래, 거기…… 고마워요!"

당신이 한 일을 정당화해야 할 때 "아이들이 배고파서 치즈 케이크를 다 먹어 버렸네. 그래도 당신의 즉석 냉동 덮밥은 아직 냉동실에 남아 있어." "아이들이 하도 당신 요거트 먹고 싶다고 졸라대서 줄 수밖에 없었어." "'K팝스타'를 보자고 한 건 쟤야. 내가 아니라고. 글쎄 3주만에 이진아의 팬이 되었나 봐." "나 혼자 말하는 게 아니야. 배 속의 우리 아이랑 같이 말하고 있잖아."

대답을 할 수 없는 사람을 찾아 잘못을 뒤집어씌워야 할 때 "그럼, 전화 요금 청구서 봤지! 우리 아기가 자동 연결로 홍콩에 있는 고모부한테 걸고 세 시간이나 통화 상태로 둬서 그런 거야. 나도 알아. 나도 걱정되지만 그렇다고 디저트를 못 먹게 할 수는 없잖아. 15개월밖에 안 된 아이한테 말이야!"

누군가 당신의 등을 긁어 주거나 쓰다듬어 주기를 바랄 때 아이의 팔목부터 팔꿈치까지는 등긁기 놀이에 쓸 수 있는 당신에게 최고의 소품이

다. 아이가 신이 나서 다시 시작할 수 있도록 눈을 감고 시원한 느낌에 푹 빠져 있는 시늉을 하는 것을 잊지 말자.

정원이 꽉 찬 어린이집에서 당신을 불쌍히 여겨 아이를 받아 주기를 바랄 때
어린이집에 면담갈 때 당신은 화장 없는 얼굴, 떡이 진 머리에 후줄근한 옷을 입고 아이를 안고 간다. 당신이 울면서 "도저히 더 이상은 안 되겠어요. 올해에는 반드시 이 어린이집에 아이를 맡길 수 있도록 해 주세요."라고 하는 동안 면담 담당자가 자고 있는 아이가 너무 귀여워 거절할 수 없게 만들도록 면담 시간은 아이가 낮잠 자는 시간으로 조정해서 잠도록 한다.

당신이 했던 '최악의' 행동

"일주일 동안 시어머니께 아들을 맡긴 일. 나보다 내 아들을 더 잘 안다. 심지어 나한테 아들을 위한 조언 목록까지 작성해서 주었다."
— 줄리아, 31세

"버터 바른 빵 위에 초코 크림을 얹은 파이를 만들어 준 일. 조금 후에 일어난 사태는 여러분의 상상에 맡기겠다." — 안젤리크, 34세

"딸의 머리를 '한 번 땋아 줘 볼까?' 하면서 땋아 주었는데 그 후로 매일 땋아 주어야 한다." — 오로르, 30세

"음…… 걸음마 가르쳐 준 일? 농담 아니에요!" — 소피, 34세

"내 배꼽을 가리키면서 곧 동생은 만나게 될 것이라고 한 일. 그때부터 틈만 나면 초콜릿을 주고 싶다면서 내 옷을 들춘다." — 팀, 31세

"아이 앞에서 '졸라'라는 말을 내뱉은 것. 이제 아이는 재미있는 듯 모든 말에 그 단어를 감탄사처럼 사용한다."　　　　　　— 에밀, 31세

"'엄마가 자기 전에 우리 아기 보러 방으로 갈게.'라고 말한 일. 한 번은 아이가 엄마가 꺼 주겠지, 라고 생각하면서 불을 켜 둬서 그 다음 날 아침 내가 가지 않았다는 것을 알아 버렸다."　　　— 바네사, 39세

"밀가루를 찬장 낮은 곳에 잠시 놓아 두었다가 깜빡 잊고 높은 곳에 다시 올려 두지 않은 일. 결과는? 부엌은 온통 밀가루 천지가 되어 버렸고 아이들을 두 번 씻기고 두 시간이나 청소를 해야 했다."
　　　　　　　　　　　　　　　　　　　　— 아망딘, 30세

"약속! '약속할게.'라고 하면 절대로 안 된다. '한번 생각해 보자.'나 '아마도.' 혹은 '아니, 안 돼.'라고 해야 한다."　　　— 알렉산드라, 34세

당신의(또는 남편의) 엄마, 아빠 이야기

할머니, 할아버지가 되기 전에 당신의 부모(와 조부모님) 역시 엄마와 아빠였다. 과학적으로도 증명된 사실이다. 즉 그분들 역시 벽이 다마르지 않은 새 집을 전세로 구하여, 새로운 것에 대한 불편을 감수하고 당신을 길렀다는 것이다.

본인들도 맛이 없다고 생각하는 방울 양배추를 당신에게 먹이려 했고, 하루에 100번도 넘게 '엄마, 아빠한테 그렇게 말하면 안 돼.'라고 말하고 그 뒤에 정작 본인은 항상 '이런, 젠장!'이라고 외쳤다. 차로 여행하는 도중에 '우리 어디 가아아아?'라고 100번도 넘게 묻는 당신에게 당신 부모는 (지금의 당신과 마찬가지로) '그만 좀 물어'라고 대답하고 싶지만 (역시 당신처럼) 꾹 참았다.

간단히 말하자면, 부모님들 역시 힘든 시간을 견뎌 왔고 그분들도 한때는 아이였다. 그리고 부모들이 아이였던 시대에는 아이들에게 '콩떡 머은래? 인적미 먹을래?'라고 물어보지도 않았던 시대였다. 그렇지만 언제부터인가 부모님들의 기억력이 약해지기 시작하더니 (나이 탓이다.) 당신의 미니어처가 태어나자 완전히 과거를 잊은 듯 성격이 변해 버렸다. 부모님들은 아무것도 기억하지 못한다. 좋은 부모로서 아이들이 반드시 따라야 한다고 믿는 기본적인 규율? 잊어버려라. 최악의 경우, 당신 부모들은 '안티-부모'로 돌변하여 당신의 교육을 망쳐 놓으니까.

1. 마치 '마술에라도 걸린 듯' 당신의 부모는 모든 기준을 잊어버린다

당신이 아이들을 부모님께(또한 신께서는 조부모도 창조하셨다, 아멘!) 맡긴 주말부터 시간과 원칙 등 모든 것은 말짱 꽝이 된다! 아이들은 다음 날 학교에 가지 않으니까 당연히 밤 11시에 자고, 당연히 저녁으로 초코 콘플레이크를 먹으면서 〈뽀로로〉를 보고 싶어 한다. 실제로 부모님의 아량 아래 그렇게 한다. 또한 저녁 7시 45분, 저녁 먹기 전에 당연히 막대사탕을 먹는다. 당신이 맞서 싸우려고 해도 아무 소용이 없다. 아이들을 데리고 부모님 집을 나설 때 당신이 '오늘 저녁은 완두콩이야!'라고 아이들을 협박하면 부모님은 몰래 아이들의 주머니에 초콜릿을 찔러 넣어 주실 테니까.

2. 당신의 부모님은 '산타할아버지' 증후군이 있다

부모님은 비싼 연회비를 내고 '순록 가족 부양 프리미엄' 회원에 가입한다. 회원에 가입하면 부모님은 당신의 '작은 깡패들'을 볼 때마다 선물이 가득 실린 썰매를 대령할 수 있다. (그것도 꼭 아이들이 방금 전에 혼날 짓을 해서 선물을 받아서는 안 되는 순간에 말이다.) 물론 당신 부모들도 고막이 터질 듯 요란한 소리를 내는 장난감을 싫어했다. 하지만 (자신이 그랬다는 것은) 잊은 듯하다. (아니면 귀가 안 들리시거나.)

3. 부모님은 항상 아이들에게 '먹기 좋은' 것만 준다

당신은 아이들에게 '얘야, 시금치를 먹어야 뽀빠이(당신이 어렸을 때조차 한물갔던 캐릭터이다.)처럼 힘도 세지고 키도 많이 큰단다. 안 먹으면 키도 안 커.'라고 하면서 진땀을 뺀다. 하지만 당신의 키가 153센티밖에 안 되어 아이들은 당신의 말을 믿지 않는다. 그래서 '자, 엄마 한 입, 아빠도 한 입, 강아지도 한 입 그리고…….' 하면서 다른 방법을 써 본다. 그런데 부모님에게는 이 모든 것이 너무도 쉽다! 아이들이 '엄마, 피자와 맥도날드 햄버거 먹었어요. 정말 최고였어요.'라고 흡족하게 말한다.

4. 부모님은 일체의 균형감각도 잃어버린다

당신의 아이가 세계에서 여덟 번째로 똑똑하다고 생각한다면 그래도 정상이라고 할 수 있다. 그런데 당신 아버지가 2036년에 있을 노벨상 수상 기념 파티를 위해 파티룸 예약을 몰래 했다가 취소하는 상황이 벌어지면 이는 분명히 문제가 있는 것이다. 모두가 당신의 아이가 천재라는 사실에 동의한다고 해도 그것을 가지고 여러 사람을 성가시게 해서는 안 된다.

5. 부모님들은 당신의 미니어처 앞에서는 모든 것이 감탄스럽다

당신 아이가 당신에게 '예쁜 그림'을 선물하면 약삭빠른 당신은 파스타 만드는 펜네를 꿰어 만든 목걸이와 이쑤시개로 만든 고슴도치 옆에 곧바로 놓아 둔다. 즉, 아이들이 만드는 '이상한 물건'을 모아 두는 상자에 처박는다. 아니라고는 못할 것이다. 그렇지만 부모님은 그림을 액자에 끼워 르누아르 그림 옆에 걸어 둔다. 현대화의 장점은 그 안에서 각자가 보고 싶은 것만 볼 수 있다는 것이다. 나에게는 뒤죽박죽 잡탕밥 같은 그림이 아버지에게는 MOMA(미국 현대미술관)에 작품이 걸리는 세계적으로 유명한 예술가의 인생에 한 획을 그을 작품처럼 보일 수도 있다.

6. 부모님은 당신 아이들에게 실물 크기의 장난감을 사 준다

당신 집에 장난감을 둘 만한 공간이 있는가는 상관하지 않으신다. 그것은 당신의 문제지 자신들의 문제는 아니기 때문이다! 아이가 '백마 탄 기사' 놀이에 푹 빠져 있는 시기에는 크리스마스 선물로 실물 크기의 백마를 사 주셨다.(그 백마가 아이의 침대에서 잔다고 상상해 보라.) "뭐가 문제야, 아이들이 말을 좋아하면 당연히 사 줘야 하잖아? 안 그래?" 배은망덕한 엄마는 가 버려!

7. 부모님은 아이들에게서 항상 납득할 만한 '면책 사유'를 찾아내려고 한다

아이들에게 아주 작은 동요나 발작이라도 있을 때면 이를 이해하고 해석하려 애쓴다. 즉, 아이가 자아를 형성하는 중대한 시기에 있음을 나타내는 아주 작은 신호나 표현을 찾아내려고 한다. 오늘에만 18번째인 발작(마지막 발작의 원인은 단지 치즈에 난 구멍이었다.)이 일어난 후 당신은 그저 "아, 저녁 7시였구나. 그럼 그렇지. 매번 정확도 하지." 하고 넘어간다. 그러나 부모님은 다음 날 아침 걱정스러운 듯이 당신에게 전화를 해서 '별 문제 없는지' 묻는다. 이에 당신은 "괜찮아요. 그냥 두세요. 항상 그렇잖아요."라고만 대답한다.

8. 부모님은 인내심이 있다.

당신은 소꿉놀이 10분 만에 질려서 "아, 엄마. 이제 배부르다. 게다가 엄마는 플라스틱 닭 가슴살보다 진짜 고기가 먹고 싶어." 하는 반면 부모님은 아이에게 두 번째 진수성찬을 차려 달라고 하신다.

9. 부모님은 언제나 모든 것에 대한 답을 갖고 있다.

아이가 당신에게 "하느님은 왜 결혼 안 했어?"라고 물으면 당신은 설명을 포기하고 "엄마도 몰라. 하느님한테 물어보자."고 솔직하고 단순하게 대답한다. 그러나 부모님은 시간을 들여 그 기원을 처음부터 다 설명해 준다. "원래 아담이 먼저 있었는데 말이야……."(이 시간을 최대한 이용하자. 그 자리에서 사라져서 낮잠을 자거나, 매니큐어를 칠하거나, 머리를 하거나, 제모를 하거나, 초고속 쇼핑을 할 수 있는 최적의 순간이다. 그러니 도망쳐라!)

10. 그러나 실은 부모님도 우리와 똑같다.

증거가 필요한가? 부모님들은 아이들을 '와우'라고 부르시는데 (특히 3일 내내 아이를 보시는 경우) 항상 "와우, 어서 와라."에서 "우후, 이제 가는구나."라고 어감이 바뀌기 때문이다.

당신과 남편이 아이들 덕분에 할 수 있게 된 10가지

부모로 살아가기. 이 알 수 없는 세계에서 우리는 장밋빛 꿈을 꾸는가 하면 고생으로 먹은 것이 역류하는 쓴맛을 보기도 한다. 밝은 미래에 대한 약속과 터지는 웃음이 있는가 하면 신경 발작도 있다. 행복과 고독이 공존한다. 그러나 우리 모두는 한 가지만은 정확하게 인식하고 동의한다. 바로 아이는 귀찮게 달라붙고 더럽고 제멋대로인 존재라는 것을. 말도 목청껏 크게 하고 이기적이고 의뭉스럽고 쩨쩨하고 배은망덕한 동시에 인간에 대한 예의의 기본 원칙을 무시한다.

하지만 아이들 덕분에 우리는 남들보다 뒤처진 사회에서 더 뒤처지지 않으려고 무의식에 가둬 버린 '욕구'를 실현하며 작은 기쁨들을 되찾기도 한다. 당신은 당신의 못난이를 기르기 시작하면서 다음과 같은 일을 할 수 있게 되었다.

1. 아침 6시 45분에 만화 보기

당신은 분명히 아이들이 아침에 일어나자마자 TV 만화를 보게 하지는 않을 것이라고 맹세했었다. 그리고 2년 동안은 그 맹세를 지켰다. 부모로서 자신이 좋아하는 일을 할 수 없이 포기했다는 관점에서 보았을 때 대단한 성과이다. TV 앞에서 당신은 문득 〈나 홀로 집에〉 이후 얼마나 긴 시간이 흘렀는지 깨닫는다. 갑자기 이 시대에 당신을 맞추고 싶다는 생각이 들고 지금 당신은 아이들과 나란히 앉아 손에 땀을 쥐고 마른침을 삼키며 〈뽀로로〉와 〈로보카 폴리의 모험〉에 빠져 있다.

2. 아이들을 재워야 한다고 핑계대면서 짜증나는 저녁 모임에서 빠져 나오기

당신은 부모가 되었다고 모든 파티를 거부하지는 않았다. 다만 모든 파티에서 항상 '불금'을 보내기보다는 좀더 까다롭게 파티를 선택하여 원하는 대로 참석할 수 있게 되었다.

아이를 안고 (당신을 위한) 샴페인 한 병과 (아이를 위한) 우유병으로 무장한 당신은 저녁 칵테일은 정중히 사양한다. 그러다가 빌어먹을 아이에게 발라 줄 아토피 연고를 찾느라 한참 동안 기저귀 가방을 뒤적이는 당신을 친구들이 기분 나쁜 동정의 눈길로 쳐다보면 그때 당신은 부모로서 누릴 수 있는 이점을 다시 한 번 실감한다. 바로 별다른 설명 없이 쉽게, 예전이었으면 후회의 침묵으로 그저 견디기만 했던 이 '지루한' 파티에서 빠져나갈 수 있다는 이점 말이다.

3. 실컷 군것질하기

당신의 귀여운 아이가 슈퍼마켓 과자 코너에서 탐험을 시작할 나이가 되자 당신은 영양사의 압박에 희생되어 몇백 년 전부터 과자 코너는 근처에도 못 갔다는 사실을 알아차린다..

아이와 함께 '으음~, 그래~, 와우~, 히야~'를 연발하게 만드는, 지금까지 보지도 듣지도 못했던 색깔과 모양, 향기의 세계에 다시금 빠져든다. 보는 사람도 없고, 아는 사람도 없다. 당신은 눈을 딱 감고 아이의 군것질거리에 당신의 것을 추가한다. 각양각색 사탕의 무게는 원래 무게의 네 배가 된다. 추파춥스 젤리 핑키스 32개, 하리보 악어 젤리 25개, 마시멜로 18개를 해치우고 나면 당신의 위가 말하는 소리가 들린다. '이제 당신의 소화력은 더 이상 열다섯 살 아이의 소화력이 아니라고!'

4. 동심으로 돌아가 시소 타기

아이가 없을 때에는 몇 시간 동안 작은 공원(예를 들면 아이들이 VIP라고 할 수 있는 놀이터 같은 곳)을 이리저리 돌아다니면 굉장히 수상스럽게 보이거나 약간 정신 나간 사람으로 보일 가능성이 크다. 다행히 아이가 태어남과 동시에 당신에게 완벽한 알리바이가 생겼다. 이제 당신은 일요일마다 아이를 앞세우고 당당하게 공원을 활보할 수 있다. 그리고 아이가 몇 개월이 지나면 몇 달 전부터 '할 테면 해봐!' 하던 그물 사다리를 기어오르고 시소를 타는 기쁨을 만끽할 수 있다.

5. 전날 밤에 잠을 못 잤다는 핑계대고 낮잠 자기

날이 풀리기 시작하니까 당신은 구름 한 점 없는 여름날에 비치 의자에 몸을 축 늘어뜨리고 얼굴을 간질이는 바람을 느끼면서 햇볕을 쥐고 싶은 마음뿐이다. 물론 어젯밤 아이 때문에 치른 난리는 당신에게 더할 나위 없이 좋은 핑계지만 때가 탄 세탁물 더미, 하늘을 찌를 듯 쌓여 있는 설거지를 보고 있자니 다시 죄책감이 들기 시작한다. 그러나 입가에 슬쩍 미소를 띠고 간단히 내일로 미뤄 버리는 당신의 능력은 하루 이틀 갈고닦아 쌓인 능력이 아니다. 간단히 말하자면 아이가 고맙게도 자 준다면 당신의 능력을 발휘하고 낮잠을 만끽할 수 있다는 말이다. 그런데 그것이 좀…….

6. 티에리 쿠르탱의 작품에 나타난 '아웃사이더 아트'의 영향력을 가늠해 보기

뭐라고? 티에르 쿠르탱(프랑스 동화작가. 한국에 여러 권 번역되었다. 그의 작품에 나오는 추피는 프랑스에서 3~4살 아이들의 슈퍼스타임.)을 모른다고? 이 유명한 다작의 아티스트에 대해서 한 번도 들어본 적이 없다고? 물론 당신이 모를 수도 있지만 상당한 수의 젊은이들은 이 아티스트를 뒤뷔페Dubuffet(어린아이와 정신병자와 같은 사회적 약자들의 작품에 매료된 프랑스의 화가. '아웃사이더 아트'에 많은 영향을 끼쳤다.)나 페르디낭 슈발Facteur Cheval(우편배달부 겸 건축가로 상상의 한계를 뛰어넘는 요정 궁전인 '팔레 이데알 Palais Idéal'을 만들었다.)의 후예에 버금간다고 생각한다.

예를 들어 티에리 쿠르탱은 모든 부모들이 매일 저녁에 학교와 슈퍼마켓, 욕실은 물론이고 치전목마나 주랑말을 탈 때에도 끈질기게 따라 다니는 작은 영웅 '추피'를 탄생시키기 위해 몇 달 동안이나 캐나다 몬트리올에서 코알라를 관찰했다고 한다. 당신도 몇 달만 있으

면 추피의 추종자가 될 것이다.

7. 레고로 다시 만드는 세계

섬세한 손동작을 배우는 아이 덕분에 당신은 남자인지 여자인지 모르는 피규어와 갖가지 색깔의 집들, 우주선이 뒤섞여 있는 오래된 레고 상자를 꺼낼 수 있게 되었다. 이전에는 근처 카페의 구석자리에서 팔꿈치를 괴고 앉아 당신만의 세상을 만드는 상상의 나래를 펼쳤다면 이제는 실제로 컬러 벽돌을 쌓아 작은 세계를 만들 수 있다. 정말 간단하면서도 기분 좋은 일이 아닌가! 이제 아이가 당신이 모은 자동차들을 달라고 하는 바람에 그것을 지키는 일만 남았다.

8. 게임기 가지고 정신없이 놀기

부모가 되기 위한 조건을 수용하면서 불행하게도 당신의 남편은 이성적이고 합리적인 사람이 되었다. 밤늦게까지 총으로 좀비를 쏘며 노는 것은 상상도 할 수 없게 되었다. 어찌되었든 당신은 풀칠이라도 해놓은 듯 카펫에 딱 붙어 있는 당신의 남편을 못 봐 주겠다고 했고, 그의 상사는 잠을 못 자서 무덤에서 갓 나온 듯한 얼굴을 하고 있는 남편을 못마땅해했다. 그러나 그때는 남편의 '게이머'가 태어나기 전의 일이다. 지금 우리의 아이는 자주 엄마, 아빠 몰래 플스4(PS4, 플레이 스테이션 게임)를 했는지 스틱 다루는 솜씨가 보통이 아니다. 물론 함께 본격적으로 '콜오브듀티(플레이스테이션 게임의 한 종류)'를 하려면 아직 더 기다려야 하지만 말이다.

9. 목청껏 노래하기

소싯적 남편은 자유분방한 예술가의 삶을 꿈꿨다. 남편은 홀로 무대에 오르고 열광한 소녀들이 그에게 몰려와 옷을 잡아끌기를 꿈꿨다. 그러나 변성기 이후로 남편은 노래를 기가 막히게도 못한다. 마치 햄스터 한 마리를 삼킨 셀린느 디옹이 노래하는 듯하다. 그가 느끼한 바리톤으로 노래만 하면 주변 100킬로미터 이내에서 사람을 찾아볼 수 없다. 아니다. 딱 한 명 있다. 그의 영원한 팬, 아이는 남편이 〈겨울왕국〉의 주제가 후렴구 '렛잇고~ 렛잇고~'를 부를 때마다 남편의 입에서 눈을 떼지 못한다.

10. 성城 건축가의 꿈을 펼치기

성과 남편은 위대한 러브 스토리로 엮여 있다. 어린 시절, 어마어마한 파도가 해안을 덮쳤을 때 남편은 사랑의 바이러스에 걸렸다. 그는 밀물에 맞서기로 결심하고 밀리미터의 정교함으로 요새와 탑을 쌓고 외도를 만들었지만 모든 것이 헛수고였다. 그 후 대규모 보험 회사에 취직한 남편은 성 건축가의 꿈을 접어 두었다. 아이가 태어나기 전까지만. 지금 남편은 예미디 삽께 안동이른 들고 아이에게 훌륭한 건축가로서 자신만의 모래성 건축의 비결을 가르쳐 주는 재미를 만끽하고 있다. 무지 행복해 보인다!

거품 목욕에 보내는 공개 편지

사랑하는 나의 거품 목욕아!

알고 있어. 아이들이 생긴 후부터 너에게 소홀했다는 사실을 나도 알고 있어. 아이들만 챙겼지. 너는 아이들이 침입했다고 생각할 수도 있어. 예전에는 우리 단둘이서 몇 시간 동안이나 다른 세상을 꿈꾸면서 빈둥거리고는 했잖아. 그런데 이제는 아이들이 모든 것을 차지해 버렸어. 욕실에는 아이들의 장난감과 목욕용품이 널려 있고 세탁 바구니가 굴러다니고 휴지걸이에는 말리려고 걸어 놓은 옷들과 목욕 가운이 걸쳐져 있어. 그보다 더한 것은 너와 나, 둘 다 아이들의 쉴 새 없는 물장구와 거품 싸움을 견뎌 내야 한다는 것이지. 네가 겪는 트라우마를 이해하고도 남아. 둘이 있을 때에는 항상 조용하고 평온했으니까. 하지만 너를 위한 나의 엄청난 노력을 너는 곧 알게 될 거야. 나는 너에게 고단한 시간을 줄여 주려고 되도록 아이들을 매일 씻겨 주지 않으려 하고 있어.

할 수만 있다면 아침 5시에서 7시 사이에 가능한 빨리, 아무도 모르게 너를 찾아가려고 해. 믿어 줘. 오후 5시에는 학교에 아이들을 데리러 가야 하고 저녁 7시에는 아이들 저녁 식사를 준비해야 해. 그사이 네가 아이들의 전투 공간이 되지. 아이들에게 〈뽀로로〉를 틀어 주고 몰래 너한테 오라고? 역시 넌 기발해. 하지만 〈뽀로로〉를 틀어 주는 것이 해결책은 아닌 듯해. 한 편 끝나면 다른 한 편 틀어 달라고 계속 나를 불러 댈 것이 뻔하고 최악의 경우 옷을 입은 채로 너한테 뛰어들 수도 있다고.

그리고 솔직히 말하자면 호텔이 더 편해. 아이들이 집에 있는데 너를 만나면 마음이 편하지가 않거든. 아이들한테 어떻게 보이겠어?

내 신랑은 말할 것도 없지. 아이들이 생기고 난 후부터 아이들이 잠들기 전에 얼굴을 더 봐야 한다는 핑계를 대면서 점점 더 일찍 퇴근하고 돌아오고 있잖아.

게다가 진짜 문제는 그 시간대에 아이들 저녁을 준비해야 한다는 거야. 포장지도 안 뜯고 잡지 정리함에 처박아 둔 잡지들 사이에서 코스모폴리탄 최근호를 꺼내 들고 예전처럼 너한테 갈 수가 없어. 안 돼! 화이트와인과 담배 이야기는 하지도 마! 아, 다 끝난 것 같아…….

아, 그래, 네 말이 맞아. 주말에 아이들이 낮잠 자는 동안에 시간을 벌 수 있을지도 몰라. 하지간 주말에는 청소며 빨래, 다림질거리가 산더미야.

내가 너를 정말 사랑한다는 것 알고 있지? 잡지, 샴페인 한 잔, 재미 있는 책, 에센셜 오일과 음악이 있으면 넌 그야말로 최고의 친구야. 하지만 때로는 체념하고 받아들여야 할 때가 있어. 우리 둘이 정말 근사한 시간을 보냈지만 그 시간이 언제까지나 지속될 수 없다는 사실을 잘 알고 있었어. 네가 나를 기다리다가 다른 것을 놓쳐 버리지 않도록 너에게 솔직히 말하려고 해. 네가 아이들과 즐겁게 놀고 있는 동안 옆을 지나가면서 너를 볼 수는 있지만 이제 우리 둘이서만 조용하게 만나는 것은 불가능해. 저녁 늦게라도 안 돼. 그리고 정말 미안한 말인데 얼마 전부터 목욕보다는 샤워에 끌리고 있어. 너의 행복을 빌며, 이젠 안녕!

당신이 했던 '부모로서 올바르지 않은' 행동

"블로그에 이 글을 포스팅하려고 (혹은 친구들과 수다 떨거나, 페이스북 하려고) 아이들에게 TV 만화를 틀어 주었다."

— 멜라니, 28세

"혹독한 하루를 보낸 날 저녁에 자기 전에 양치질시키는 것을 깜빡했다. 다음 날 아침, 나는 웬 아프리카 여우 한 마리가 와서 아침 뽀뽀를 하는 줄 알았다."

— 요안, 34세

"저녁 먹는 동안 말을 먼저 꺼내는 사람이 지는 게임인 〈침묵의 왕〉에서 진 아이를 방으로 올려 보낸 일."

— 도리안, 28세

"아이 아빠를 일어나게 한 뒤, 나는 늦잠을 자려고 아이가 깨는 소리를 못 들은 척했다."

— 사브리나, 29세

"음~ 아이에게 저녁으로 시리얼 먹지 않을래, 하고 물어본 것."

— 엘레나, 28세

"딱 한 번 아이들이 자는 동안 뜨거운 물에 목욕해 보고 싶어서 아이들한테을 재촉하듯 얼른 씻기고 재웠다."

— 소피, 27세

"일일 드라마 다 보려고 아이가 깨어난 것을 알고도 잠시 모르는 척 했다."

— 델핀느, 22세

"아이들이 나를 짜증나게 할 때 혀를 길게 내밀어 '메롱' 했다!"

— 안토니아, 32세

미니 테스트 : 당신은 (정말) 몇 살입니까?

우리는 모두 강아지의 나이, 우리 머리의 나이, 마음의 나이를 계산할 수 있다. 그렇지만 엄마의 나이는 어떨까? 당신의 나이를 적고 아래 질문에 대답하면서 나이를 빼거나 더해 보자.

내 나이 : 00 살

아이 한 명당 +5세

당신의 나이 35세 이후에 태어난 아이 한 명당 +7세

아이가 셋 이상이라면 +10세

회음절개술 1회당 +4세

마지막으로 숙면을 취한 것이 언제인지 생각조차 나지 않는다면 +6세

태어난 지 2개월이 안 되었을 때부터 아이가 밤에 규칙적으로 잔다면 -5세

오밤중에 눈을 떴는데 아이들이 당신을 쳐다보고 있었다는 사실을

알아차리는 상황이라면 +3세

출산 후 치질에 걸렸었다면 +4세

아이들 없이 보낸 바캉스나 주말당 -6세

공원이나 넓은 장소에서 아이를 잃어버렸다고 생각할 때마다 +3세

집안일을 도와줄 누군가를 찾았다면 -4세

공항에서 누군가가 당신에게 대신 (당신 눈앞에 있는) 트렁크 가방을 들어주겠다고 했다면 +8세

지금 당신의 옷깃에 아이가 토한 것이나 콧물, 우유 비슷한 것이 묻어 있다면 +3세

누군가 언제가 가장 행복한 순간이었냐고 물어볼 때마다 +5세

하루에 "힘들어 죽겠어."라는 말을 5번 이상 한다면 +3세

아직 기저귀를 차는 아이가 두 명 이상이면 +7세

전화하면서 수유기를 사용해 본 적이 있다면 +5세

아이와 비행기로 여행을 할 때마다 +9세

큰아이들이 작은아이들을 도와준다면 -10세

출산 후 옷의 사이즈가 늘어났다면 +5세

마지막 출산 후 5년이 지났음에도 여전히 임산부 옷을 입고 있다면 +5세

"이 질문지에 '이것'도 추가할 수 있다."라고 생각했다면 +40세

당신이 방금 선고받은 나이를 어떻게 해줄 방법이 나에게는 없다. 당신 아이들에게 직접 불평을 토하고 어마어마하게 큰 빚을 졌으니 얼른 **뽀뽀**를 해 달라고 하라.

당신이 돌보고 있지만
납세고지서에 이름을 올릴 수 없는 사람들

아이가 있다는 것은 당신이 돌봐야 하는 '사람들'이 한 무리가 더 있음을 뜻한다. 이 사람들은 어느 정도 호감이 가기도 하지만 당신의 생존 영역을 빠르게 잠식해 간다. 내가 불법 침입자라고 부르는 이 무리는 당신의 침대며 의자, 포옹, 먹거리까지 불법으로 점유해 버린다. 그러니 이 무리가 당신의 '피부양자'임에는 틀림없다. 그러나 불행하게도 당신은 이 사람들을 납세 고지서에 올릴 수 없다!

우선 그 대상에는 애착 인형이 있다. 애착 인형은 부모 다음으로 당신 아이의 인생에서 가장 중요한 존재이다. 당신이 너무 괴로워하지 않도록 '부모 다음으로'라고 했다. 그럼에도 불구하고 우리 모두 애착 인형이 아이들의 마음에는 '넘버 원'이라는 사실을 너무나도 잘 알고 있다. 아이가 울 때면…… 자신의 애착 인형을 찾지 않는가! 위로가 필요하면…… 그때도 애착 인형을 찾는다! 게다가 애착 인형에 들어가는 비용은 어마어마하다. 아이가 공원에서 인형을 잃어버려 '토이저러스'에서 다시 사 준 것만도 벌써 열 번째이다. 그리고 용의주도한 당신은 아기 침대 안에 하나, 어린이 집에 하나, 육아 도우미 집에 하나씩 두고 여분으로 하나 더 준비해 뒀다. 아이의 정신 발달이 아무리 빠르더라도 22개월 된 아이가 애착 인형 찾기 앱을 사용하지는 못하기 때문이다. 좋은 점 한 가지가 있다면 인형이 전기세에 부담을 주지는 않는다는 점이다.

그 다음으로 식사 때마다 식탁으로 초대되어 오는 바람에 당신이 아이들에게 차려 주듯 똑같이 차려 주어야 하는 식객들이 있다. 플라스틱 조랑말들은 감자볶음을 좋아한다. 그리고 아이가 태어날 때 받은 27개의 동물 인형들까지. 그게 다가 아니다. 코끼리 왕국의 왕 바바는 치즈 파스타를 달라고 하고 플레이모빌은 감자튀김과 케첩만 먹는다. 게다가 아이들의 옷에도 입이 있다. 티셔츠에 잔뜩 묻은 초콜릿

을 한 번 보라.

당신에게 유치원 다니는 아이가 있다면 당연히 아이들에게 사랑받는 '마스코트'를 알고 있을 것이다. 아이를 목욕시키려고 이미 벌써 20분 동안이나 쫓아다녔는데 아이가 마스코트로 여기는 '작은 여우(인기 동화책 『작은 여우』에 등장하는 주인공)'에게도 똑같이 해주어야 한다. 작은 여우를 목욕시키고, 말려 주고, 옷을 입히고 맛있는 것을 먹여 주고 외출해서 산책도 하고 자기 전에 옛날이야기를 해주는 척도 해야 한다. 그리고 반드시 이 모든 것을 사진으로 찍어 두어야 한다. 그래야 아이가 월요일에 같은 반 친구들에게 사진을 보여 주면서 작은 여우가 주말 동안 TV만 본 것이 아니라 퍼즐도 했다고 말할 수 있다! 눈에 잘 띄지는 않지만 진정한 '워리어'라고 할 수 있는 이 작은 불법 침입자들에게 나는 절대로 최고 점수를 줄 수가 없다. 그런데 불법 침입의 '오스카 상'이 있다면 바로……'이'에게 수여한다! 나는 물론 동물 보호와 종 보존에 찬성한다. 그러나 도대체 먹이사슬에서 이가 하는 역할이 무엇이냐는 말이다. 그래도 새로 들어온 공동 세입자의 긍정적인 측면을 보려고 노력해 보자. 이들은 당신의 아이처럼 하루에 백만 개의 질문을 던지지도 않고 화장실까지 쫓아오지도 않는다!

엄마가 지각하는 20가지 이유

엄마가 되기 전에는 모두 나를 '정각 여사'라고 불렀다. 항상 정각에 도착했고 약속에 늦는 것은 예의 없는 행동이라고 생각해서 5분이라도 늦는다는 생각을 하면 마음이 불편했다. 그런 내가 아이가 생긴 후로 '지각 여사'가 되었다.

1. 아이가 양말을 신을 때 '엄마 못 신겠어. 안 돼요.' 하면 도와주어야 하기 때문에.
2. 엘리베이터 타려고 하는 순간 아이가 화장실 가고 싶다고 하기 때문에. 으으으…….
3. '맞다, 엄마 나 인형 안 가져 왔어요.' 하기 때문에.
4. 출발하려고 하는 순간 꼭 한 아이가 드러누워 발악을 하며 울기 시작하기 때문에.
5. 아니면 그림을 그리겠다고 하기 때문에.
6. 아니면 둘 다(한 명은 울기 시작하고, 한 명은 갑자기 앉아서 그림을 그리겠단다.)

7. 아이가 갖고 놀던 열쇠를 도무지 찾을 수가 없기 때문에.

8. 아이 세 명 중 단 한 명도 내가 '가자!' 하는 소리를 듣지 않은 것 같기 때문에.

9. 못된 고무 젖꼭지와 사악한 애착 인형을 도무지 찾을 수가 없기 때문에.

10. 급히 출발하려고 하는데 큰 아이가 난데없이, "그런데 엄마, 아기는 어떻게 생겨요?"라고 물어보기 때문에.

11. 아이들이 미친 듯이 싸우기 때문에. 그것도 겨우 출발해서 이제 막 걸음에 속도를 붙이려 하는 순간에 말이다.

12. 내 휴대전화가 어디로 갔는지 찾을 수가 없기 때문에.(분명히 아이들이 갖고 놀았을 것이다.)

13. 출발하는 순간이 바로 아이가 '엄마, 나 열나.'라고 하는 바로 '그' 순간이기 때문에.

14. 아이가 손톱을 깎아 달라고 하는 절묘한 타이밍 때문에.

15. 너무 늦었다는 사실을 알아차리고 서두르기를 포기했기 때문에.

16. 내 물통이 비었다는 사실을 알아차리고 사러 가느라 늦었기 때문에.

17. 빌어먹을 유모차를 펴는 데 너무 오래 걸렸기 때문에.

18. 꼬마가 걸음마를 시작하는 순간이었고 그래서 빨리 걸을 수 없었기 때문에.

19. 아이의 신발이 갑자기 작아졌기 때문에.

20. 단지 내가 엄마이기 때문에.

부모를 상대로 소송을 건 아이들

몇 년 전부터 아이들이 침묵을 깨고 부모들의 교육에 문제를 제기하고 나섰다. 그중 몇 명은 자신의 부모를 상대로 소송을 제기하기까지 했다.

다니엘 머리그망

다니엘의 부모는 다니엘에게 바가지 머리만 허락했다. 그것도 열여섯 살 때까지! 이제 제발 그만!

마리 안미드

마리의 부모는 마리가 아홉 살이 될 때까지 마리의 코를 떼어 가는 흉내를 내며 장난을 쳤고, 그런 유치한 장난을 아이가 믿겠냐고 해도 열두 살 때까지 귀에서 코를 빼내는 마술 흉내를 내며 웃기려고 했다.

올리비에 귀머엉

올리비에의 부모는 몇 년 동안이나 저스틴 비버의 음악을 듣도록 허락했다. 아니, 부추기기까지 했다.

이브 꾸움께지어스

애써 산타 복장까지 했던 이브의 아빠는 아무 생각 없이 턱을 긁다가 달고 있던 수염을 떨어뜨리는 바람에 이브의 크리스마스 환상을 너무 빨리 깨 버렸다.

장 르안

장의 엄마는 장이 열세 살이 될 때까지 쥐 복장을 하고 베개 밑에 둔 빠진 이를 가져가고 동전을 두는 장난을 쳤다(프랑스에는 빠진 이빨을 베개 밑에 두면 쥐가 와서 이빨이 있던 자리에 동전을 두고 이빨을 가져간다는 전설이 있음). 그 후로 장에게 밤 공포증이 생긴 것은 말할 것도 없다.

테레즈 마니보아

테레즈의 부모는 페이스북에 그녀의 사진 4,269장을 올렸다. 테레즈가 태어나자마자 페이스북 페이지를 만들어 주었으니 그리 놀랄 일도 아니지 않을까?

당신이 다시는 아이와 함께 해서는 안 될 것

"경찰이 검문할 때 큰 소리로 '아, 닭대가리 같은 사람들!'이라고 으르렁거린 일. 경찰이 가까이 오자 아이가 큰 소리로 물었다. '왜 아저씨를 닭이라고 했어?'"

— 린지, 29세

"내가 빨래를 갤 때 도와준다고 하며 따라 하는 걸 내버려둔 것. 아가, 변기를 아빠 양말로 채우면 안 된단다."

— 노르웬, 36세

"아이를 유모차가 아닌 세발자전거에 태워 산책 나가기. 2미터 정도 가다가 당신의 아이가 아직 세발자전거를 타기에는 너무 작다는 사실을 알아차린다. 아이는 몸도 제대로 가누지 못하고 왜 페달에 발을 올려야 하는지도 이해하지 못한다. 결국은 둘 다 들고 와야 했다. 하나는 안고, 하나는 끌고 말이다."

— 플로랑스, 35세

차라리…

이마에 평생 지워지지 않을 분홍색 헬로 키티 문신을 하거나 인어 공주 복장을 하고 일하러 가는 것이 더 낫겠다. 또는 평생 머리에 뽀로로 모자를 쓰고 있거나 15년 동안 도라의 헤어스타일을 하는 것이 더 나을 수 있다.

당신의 기분을 풀어 주는 친구들

친구들끼리의 파티는 기본적으로 필요하다. 아이가 있다면 엄마는 반드시 사회로부터 고생을 상환받아야 한다. 이 세상에 친구들끼리의 파티만큼 좋은 것은 없다. 사랑하는 남편과 보내는 저녁보다도 좋다. 왜냐하면 신랑과 함께 있는 시간은 결국, 친구들이 '너한테 그런 짓을 한 사람'이라고 부르는 이와 일대일로 같이 있는 시간이기 때문이다.

반면 당신의 친구들은 당신을 아프게 하지도, 임신시키지도, "힘줘, 여보! 할 수 있어!"라고 하지도 않고……, "그럼 당신은 왜 못해!" 아, 이야기가 조금 빗나갔다.

당신의 친구들은 다음과 같은 방법으로 당신의 기분을 풀어 준다.

최신 가십 정보를 알려 준다 "샤론 알지? 브랜다의 엄마 말이야. 맞아, 맞아. 그 키 크고 레오파드 레깅스 입은 그 엄마. 톰의 선생님이랑 잤 내. 내 생각에는 아이가 좋은 점수를 받게 하려고 미리 손을 쓰는 것 같아."

다시 여자로서의 삶을 살도록 권유한다 "운동은 왜 해? 아니야, 그건 아

니야. 차라리 주말에 스파에 가서 지방을 녹여 버리자!'

당신에게 경제와 소비에 대해 이야기해 준다 "이 가방이 등골 빠지게 비싼 것은 사실이지만 그래도 등골값을 한다니까."

요리에 대해 이야기한다 "빌어먹을, 나 심지어 전자레인지로 퓨레를 만들다가 망친 사람이야. 기록 세운 것 같아."

불굴의 우아함과 격을 보여 준다 "나 메론같이 거대한 치질 걸렸어. 앉으려고 하면 욕이 나오지만 참는다. 내 엉덩이 꼭 원숭이 같다니까!"

언제나 100% 객관적으로 판단한다 "당연히 그 사람이 틀렸지! 완전히 멍! 청! 이! 라고! 그 사람이 어떻게 그럴 수가 있지?"

당신이 현실적으로 판단하도록 돕는다 "너 계속 출산 이야기할 때마다 울 거야? 아니, 네 아이가 열일곱 살이 되어야 한 명 더 낳을 텐데 그때까지 계속 울 거냐고. 그것을 묻는 거야."

당신의 지성을 갈고 닦도록 강요한다 "네가 만약 더 이상 오르가즘을 느끼지 못하는 것과 와인을 못 마시는 것, 둘 중에 하나 선택해야 한다면 어떤 쪽을 선택할 거야?"

"딸이 그린 거야? 음…… 보통이네. 예술가는 힘들겠다. 그래도 다른 재능이 많을 거야!"

그렇다. 힘든 하루를 마치고 기진맥진한 저녁때 맛있는 먹을거리와 친구와 함께 하는 술만 있으면 당신이라는 엄마는 힘차게 다시 시작할 수 있다. 그러니 최대한 빨리 파티를 마련하고 친구에게 전화를 하라! 분명히 나에게 감사할 것이다.

부모의 권리와 삶의 질을 지키기 위한 청원

프랑스에서는 부모들의 상황이 급격히 악화된 듯하다. 어떠한 부모도 고된 밤과 모든 아이들의 입에서 나오는 폭력적인 언어("나는 엄마—혹은 아빠—를 증오해."나 "엄마—혹은 아빠—입에서 입냄새 나." 등)에서 안전하지 못하다. 이러한 '이해할 수 없는 폭력'의 증가에 맞서고자 부모의 권리와 삶의 질을 지키기 위해 조직된 독립 단체인 '공갈 젖꼭지 부모'는 오늘 당장 아래의 청원에 서명할 것을 권한다.

청원 사항

1. 우리가 매주 아이의 옷을 사는 일이 없도록 찢어지지 않는 튼튼한 아동복을 만들어 달라!

2. 아이들이 벨큐브 치즈를 알루미늄으로 포장된 채 뭉개 버리는 일이 없도록 포장 방식을 개선하라!

3. 모든 장난감 회사는 장난감을 조립하기 쉽게 개선하라! 두 살짜

리 아이가 부품 아홉 개짜리 장난감을 조립하려면 엔지니어 기사 자격증이라도 있어야 한다.

4. 새로 산 스웨터에 으깨진 딸기가 묻지 않도록 식탁에서 4세 미만 아이들의 턱받이 착용을 의무화하라!

5. 젊은 부부의 집 근처(반경 100미터)에 사는 15세 이상의 청소년은 일주일에 네 시간씩 아이를 돌봐주는 공익 활동을 할 것을 약속하라!

6. 임산부의 배를 만지면 행운이 온다면서 정중히 요청하거나 미리 말하지도 않고 배를 만지는 행위에 소송을 걸 수 있게 하라!

7. 저녁 6시와 8시 반 사이에 10개월에서 4세 사이의 아이에게 가장 효과가 좋은 적합한 진정제를 연구 개발하라!

8. 저녁에 레고 블록을 밟지 않도록 레고를 형광색으로 만들어 달라!

9. 수유를 할 때 우리가 빨려들어갈 만한 재미있는 프로그램을 방송하는 케이블 채널을 만들어 달라!

10. 아이들이 성년이 될 때까지 엄마, 아빠에게 뽀뽀하고 안길 수 있도록 법령을 제정하라!

11. 부모에게 절대로 혼나는 법이 없어서 아이들에게 좋은 본보기가 되지 못하는 만화 방영을 금지하라!

12. 아이들이 침 튀기며 부를 수 있는 노래를 유치원에서 가르쳐 주는 것을 금지하라!

사춘기 아이들을 이해하기 위해
알아야 할 몇 가지 표현

당신이 만약 Y세대라면 은어나 속어를 속사포처럼 쏟아 낼 것이고 단어를 축약해서 만든 신조어도 알고 있을 것이다. 만약 당신이 25세에서 40세 사이라면 아이들이 쓰는 말을 대강은 알아듣지만 전부 이해하지는 못하고, 말하는 것은 더더욱 어려울 터이다. 당신이 40세 이상이면 아이들이 하는 말이 무슨 말인지 못 알아들을 가능성이 크다. 만약 50세 이상인데 아이들이 쓰는 말을 써 보려고 한다면, 솔직히 당신이 정말 이상한 것이다. 어찌 되었든 한 가지는 알아 두자. 아이들이 보기에 당신은 어쨌든 늙은이다. 당신이 '언니'에서 '이모'로 넘어가는 순간부터 알고 있었을 사실이다. 그래도 너무 '올드'해 보이고 싶지 않다면 이 피도 눈물도 없는, 가차 없는 세계를 이해하기 위한 '청소년—부모'어 사전 한 권쯤은 갖고 있어야 한다.

넘사벽 넘을 수 없는 사차원의 벽의 줄임말로 둘을 비교할 때 한쪽보다 못난 사람이 잘난 사람을 따라 잡을 수 없다는 표현.

예) 너 졸업 시험에서 수학 15점 받았다며? 정말 넘사벽이다.
(느낌표를 찍듯이 말해서는 절대로 안 되니 주의할 것)

나 병맛 만났다 짜증나는 상대에게 사용함.

예) 나 병맛 만났다. 내 여친(여자 친구)이 나 찼어(헤어지자고 했어). 그리고 갈비(갈수록 비호감) 테오랑 요즘 좀 이상해. 테오가 꼬시는 게 분명해.

안여돼 안경+여드름+돼지의 줄임말로 오타쿠와 비슷한 말.

예) 아, 그 아이! 딱 안여돼야!

시망 시원하게 망했다라는 뜻.

예) 나 이번 시험 시망했어.

볼매야 '볼수록 매력적이다'의 줄임말.

예) 1학기 때 같은 반이었던 그 아이, 정말 볼매야.

짱나 몹시 화가 나 있음.

예) 아, 짱나. 부모님이 주말에 나가지 말래.

행쇼 '행복하십시오'의 준말.

예) 친구야, 행쇼~.

생선 생일 선물의 준말.
예) 엄마, 생선으로 문상(문화상품권) 사 주고 버카충(버스 카드 충전) 해줘.

불금 불타는 금요일의 줄임말.
예) 이번 주도 불금이다!

엄친아, 엄친딸 엄마 친구의 아들, 엄마 친구의 딸의 줄임말.
예) 요즘에는 서로 사귀는 엄친딸과 엄친아가 너무 많아.

그밖의 청소년 은어
노(No)잼 재미없다라는 뜻.
낫닝겐 영어의 Not과 일본어의 인간을 뜻하는 '닝겐'을 합친 말로, '인간이 아니다'라는 뜻.
엄빠주의 엄마, 아빠 모르게 주의해서라는 뜻.
극혐 극도로 혐오하디
짝남, 짝녀 짝사랑하는 남, 녀.
ㅈㄱㄴ 제목이 곧 내용.

레스토랑에서 아이들과
성공적으로 저녁 시간을 보내기 위한 5가지 팁

아직 아이를 낳아 본 적이 없는 사람들은 잘 모르겠지만, 모든 부모는 식당에 아무리 유순한 아이를 데려가도 저녁 식사가 빛의 속도로 비극쪽으로 치닫게 된다는 사실을 알고 있다.

아이와 함께 저녁에 식당에 가면 아이가 "옴마, 이거 마시 업떠요." 하는 바람에 다시 음식을 주문하고, 유아용 의자에서 내려오겠다고 난리를 치고, 열두 번도 더 화장실 가고 싶다고 하니 톰 크루즈라도 불가능했을 '미션 임파서블'이다.

그러니 우리는 무기를 버리고 그저 아이들이 만화를 보면서 저녁 먹는 데에 만족한다. 간단히 말하자면 아이들이 이긴 것이다. 그러나 너무 상심하지 말자! 모든 것에는 해결책이 있기 마련이다.

긍정적인 태도를 갖자

레스토랑에서 식사를 하는 시간은 무엇보다도 가족들이 모여 함께 이야기를 나누고 공감하는 시간이다. 알카트라즈 감옥 섬(미국 캘리포니아 주에 자리한 세기의 흉악범이 수감되는 감옥이 있는 섬)으로 가는 것이 아니다. 당신이 모든 상황을 제어할 수 있다는 믿음만 확실히 갖고 있다면 아이들도 그것을 느끼고 조금 더 얌전하게 행동할 것이다. 그러니치즈~ 하면서 웃고 크게 호흡하면서 긴장을 풀자. (그리고 식전 술을한 잔 마셔라. 훨씬 나을 것이다.)

야수 같은 아이들을 점차 길들여라

첫 외식 때에 별 세 개짜리 레스토랑으로 몇 살 안 된 아이들을 데리고 가는 것은 재앙을 부르는 일이고 당신은 금방 사기가 꺾인다. 나는당신에게 낮은 강도에서 시작해서 점차 수위를 높여 가고 아이들에게는 '익숙하게 만들기' 전략을 이용하라고 조언한다. 외식이 처음이라면 먼저 아이들이 좋아하는 음식이 바로 나오는 집 근처의 캐주얼한식당에 가자. 그리고 실험해 보자. 10분 정도 아이들이 어떻게 앉은자세를 유지하는지 살펴보자. 그리고 결과에 따라 실험을 반복하고난이도를 점차 높여 가면 된다.

'키즈 프렌들리' 식당을 선택하라

너무 머리 쓰지 않으면서 기분 좋은 저녁 시간을 보내고 싶다면 사슬이 풀린 야수와 같은 아이들을 받는 식당을 선택하자. 놀이방이나담장이 처진 테라스, (연못이 없다면 더욱 좋다.) 아니면 최악의 경우방음이 되는 지하실이 딸려 있는 식당이라면 더할 나위 없다.

가족 모임을 하는 동안 아이들이 얌전하게 행동하거나 가만히 앉아 있지 않으면 일주일 내내 브로콜리만 준다거나 TV를 못 보게 한다거나 게임기를 압수하겠다고 협박해 보라. 그리고 아이들이 당신의 협박을 진지하게 받아들이지 않으면 실제로 협박을 실행에 옮겨야 한다. (그렇지 않으면 이제 모든 것이 끝이고 〈우리 아이가 달라졌어요〉의 도움을 받아야 할 것이다.)

정신없이 돌아가는 외식 현장에서 검증을 거친 위의 아이디어는 당신이 다시 토요일 외식을 나갈 수 있도록 도와줄 것이다. 그럼에도 불구하고 아이들을 데리고 갈 엄두가 안 난다면 대체 불가능한 최고의 방법이 있다. 바로 베이비시터다!

당신에게 나타나는 '피노키오 신드롬' 증상

"친구 집에 놀러 가면서 아이들한테는 회의 간다고 하기."

— 나데즈, 32세

"아이를 차에 태우기 위해 할머니, 할아버지 댁 간다고 거짓말 하기. 실은 백신 주사 맞으러 병원에 가는 길이었다."

— 스테파니, 30세

"엄마 담배 펴?" "아니. 할머니가 담배를 두고 가신 거야."

— 줄리, 28세

"아가, 마지막 하나 남은 초코 무스는 유통기한이 지났단다. 네가 먹고 탈이 날까 봐 너한테 못주고 버리기 아까워서 그냥 엄마가 먹었어."

— 클레어, 28세

"장남감이 꺼진 것뿐인데 아이한테는 건전지가 다 달았다고 했다.(결국에는 얼마 안 가서 작동 안 될 텐데 뭐.)"

— 안드레아, 27세

"'엄마 자러 갈 거야!' 사실일 리가 없다. '엄마는 네가 자는 동안 친구랑 커피 마시면서 수다를 떨 거야. 그러니까 자라고!'"

— 콜레트, 28세

"오후 내내 혼자서 위(Wii, 닌텐도 게임콘솔-역자)의 '댄스 파티4'를 실컷 하고 아이들한테는 엄마가 너무 피곤해서 같이 '댄스 파티4'를 할 수 없다고 했다."

— 칸디스, 37세

"아가, 안 돼요. 8시 15분에 자몽을 먹으면 배탈이 나서 잠도 못 자요.(사실은 사실이지 않은가. 게다가 한 시간 동안 자몽 껍질 벗길 시간도 아니다.)"

— 그웬, 37세

부모를 상대로 한 아이의 소송 사건

여기는 퐁-로모(프랑스 랑그독-루시옹 지방의 피레네-오리엔탈 지역에 위치한 작은 마을). 다음 일은 우리들 중 누구에게라도 일어날 수 있는 일이다. 부모의 강요로 성인이 될 때까지 방한모를 써야 했던 피해자 샹탈 위뮈즈Chantal Humeuse의 이야기다. 샹탈은 자신의 부모를 상대로 소송을 걸어 승소 판결을 받았다.

길고 고된 과정

샹탈에게는 너무나도 긴 시간이었다. 열여섯 살이면 여학생은 학교에서 남학생들과 가볍게 만나기도 하지만 샹탈은 친구들의 웃음거리였다. 샹탈의 부모가 샹탈에게 성인이 될 때까지 매년 12월 1일에서 3월 1일까지 양털로 만든 보르도색 방한모를 쓰도록 강요했기 때문이다. 친구 모드Maud는 아직도 기억하고 있다. "샹탈은 겨울이면 언제나 아빠와 함께 학교에 왔어요. 학교에 들어가기 전까지 방한모를 절대로 벗을 수 없었고 친구들은 그런 샹탈을 놀렸지요. 샹탈은 아버지가 불시에 닥쳐 때리지나 않을까 두려워서 휴식 시간에도 벗지 못했

어요. 정말 비인간적이었어요." 샹탈은 성인이 되자마자 정신적 학대
죄로 부모를 고소하고 집에서 도망쳤다.

정의는 원고 측으로

샹탈은 부모를 상대로 소송을 걸면서 판도라의 상자를 열었다. 딸
에게 품위를 떨어뜨리는 옷을 입도록 강제한 혐의로 10만 유로의 손
해배상 판결을 받은 마리와 미셸이 첫 번째로 심문을 받았다. 그들이
한 말을 들어보자.

"저희는 잘하는 일이라고 생각했습니다. 샹탈은 중이염을 자주 앓
았고 저희 주치의는 두 살 때부터는 반드시 귀를 감싸 주어야 한다고
했습니다. 물론 샹탈이 가렵고 덥다고 불평을 하기는 했지만 그래도
우리는 잘하는 일이라고 생각했습니다. 우리가 샹탈에게 줄 수 있는
트라우마는 생각지도 못했고 보르도색이 그 정도로 촌스럽다고는 더
더욱 생각지 못했습니다."

원고 측의 승소 판결 이후 같은 혐의로 걸린 소송이 올해에만 2,378
건으로 집계되었다. 모든 아이들이 머릿속으로 생각하고 있던 것을
샹탈이 크게 외치면서 침묵의 법을 깨트린 것으로 보인다.

문제의 방한모, 공립학교에서 금지될까?

소송의 여세를 몰아 샹탈은 279명의 자원 봉사자들이 트라우마를
가진 아이들을 돕는 '전방피(전국 방한모 피해자)'라는 협회를 설립했다.

'전방피'는 예방책으로 프랑스 전국의 초등학교와 중학교에 챙 없는 모자와 머플러를 나눠 주고 있다. '전방피'는 또한 학생들이 정부에 압력을 가하도록 초등학생과 중학생, 고등학생을 상대로 전방위로 운동을 펼치고 있다. 이러한 운동이 긍정적 반향을 불러일으키는 듯하다. 현 교육부가 학교에서 방한모 착용을 금지하는 법안을 의결에 부치려고 애를 쓰고 있기 때문이다. 교육부 장관은 이 문제에 대해 "프랑스 내의 학교에 등록한 학생이라면 모두 한 지붕 아래에 있어야 한다. 모두가 의무적으로 휴식 시간에도 방한모를 쓰게 하든지, 단순히 방한모 착용을 금지하는 것이다."라고 답변했다. '반反 방한모' 법안은 곧 심의에 부쳐질 예정이다.

산타클로스 독점 인터뷰

3년 동안 산타클로스에게 편지를 보낸 끝에 겨우 산타클로스 인터뷰를 따낼 수 있었다. 그래서 지금 핀란드 북부의 라 플란드 지방에 속한 로바니에미Rovaniemi에서 8킬로미터 떨어진 곳에 위치한 이곳 산타 마을에서 이 글을 쓰고 있다. 조금 일찍 도착했다. 여러분은 내가 산타에게는 '순록 타임'이 있을 정도로 산타가 시간에 굉장히 철저하다는 것을 모른다고 생각하시지는 않겠지!

나를 맞은 깜찍한 꼬마 악마가 몸을 녹이라고 생강빵과 따뜻한 와인을 가져다주었다.(정말 여기는 너무 추워서 얼어 죽을 것 같다.) 빨간 산타 옷을 입은 거대한 몸집의 산타가 도착하기를 기다린다. 그리고 드디어 나타난 산타가 '전설적인' 친절함으로 인사한다. 산타는 나에게 순록 썰매 함대 대대장의 생일 파티에 가야 하기 때문에 인터뷰는 10분밖에 할 수 없다고 이미 언질을 주었다.

안녕하세요, 산타 할아버지. 만나 뵙게 되어 '진심으로' 기쁩니다. 30년 넘게 고대하던 만남이거든요. 제가 편지를 쓰기는 했지만 무척 바쁘실 거라고 생각했어요.

바쁘다고요? 아니오. 이 일을 혼자 하는 것은 아니에요. 위임을 하지요. 저기 쌓여 있는 선물들 보이시나요? 전부 다 작년에 되돌아온 선물들이에요. 작은 악마들은 저것들을 분류해서 되팔 시간도 없어요. 아이들이 점차 까다로워지고 있어요. 선물 목록에 받고 싶은 장난감을 써 놓고 갑자기 바꿔요. 그것도 12월에 말이에요. 올해에는 룸팔찌(실을 꼬아 만드는 팔찌) 수요를 감당하기 위해 해외 보충 인력을 요청해야 했지요. 크리스마스 시즌 이외에는 '허! 허! 허! 웃기' 수업을 하거나 순록 썰매 폴로 시합에 참여하기도 하고 다른 산타들과 퐁듀나 라클레트를 해 먹기도 하지요.

즉, 간단히 말하자면 충만하게 삶을 살고 있어요. 반면 11월과 1월 사이에는 작은 악마들이 파업을 해서 이전보다 두 배 더 일을 해야 합니다.

돌아오는 이번 투어에 한껏 고무되어 계시겠어요?

솔직히 대답하기를 바라나요? 완전히 진저리가 나요! 당신은 엉덩이가 밤새 동상에 걸린 채로 치질까지 생기고 싶으세요, 아니면 양탄자에 비스듬히 누워 재미있는 TV를 보며 1995년 산 생떼밀리옹 와인을 마시고 싶으세요?

대답할 필요도 없다고 생각하시지요? 저도 마찬가지예요! 게다가 트리에 걸린 고린내 나는 양말과 엉덩이를 찌르는 트리의 가시들, 제대로 청소하지 않은 굴뚝에 묻어 있는 숯검댕이까지, '이보다 더 좋을 수는 없다'지 않나요? 안 그래요? 아, 맞다. 나에게 과자와 우유를 대접하려고 집착하는 사람들도 있어요. 솔직히 제가 우유를 좋아하게 생겼나요? 만약에 누군가 나에게 술 한 잔을 대접하고 (순록에게 줄) 당근 한 단을 준다면 기꺼이 대접받겠지만 우유라니요. 다시 돌아갔을 때 입던 바지가 너무 작아져 제일 위에 있는 단추가 튕겨져 나가는 것을 보고 윽박지르는 산타 할머니는 차치하더라도 정말 지긋지긋하다고요.

아홉 마리 순록에 대해서 이야기 좀 해주세요. 친하게 잘 지내나요?

웁! 친하다는 것은 과장된 말이에요. 프랜서Prancer와 클라리스Claris, 대서Dasher는 숲에 불을 지르면서 놀고, 루돌프는 50년 동안 하루 종일 똑같은 농담을 하지요. 도너Doner와 블리즌Blison은 산타회에서 65세 이상 순록은 은퇴할 수 있다고 공표한 이후 로스앤젤레스에 가서 살겠다면서 짐을 싸려고 해요. 봐요, 썩 좋은 상황이 아니에요. 게다가 댄서Dancer는 '스타와 함께 춤을'에 출연 신청한 후에 테크토닉 춤을 연습하는 데에 여념이 없으니 마을 분위기는 말 안 해도 아시겠지요? 코메트Comet 큐피드Cupide는 대낮에 키스하다가 아이들에게 들켰지 뭐네요. 엄청난 스캔들이 있지요.

성 니콜라스(산타클로스의 원조라 할 수 있는 유럽의 대표적인 성인. 12월 6일마다 아이들에게 선물을 나누어 주었다)를 상대로 한 소송은 어떻게 되었나요?

그 늙은 수염장이와 소송을 벌인 지 벌써 2년째예요! 저는 미국 및 유럽 지역 어린이들의 공식 공급자입니다. 그런데 그 노인이 유럽 이외의 지역에서 저의 세력 범위를 침범합니다. 그의 세력이 확장된 것은 저도 인정을 합니다. 그렇지만 자신의 당나귀와 함께 다니는 성 니콜라스를 보신 적이 있지요? 전혀 격이 없어요. 아직까지 영향력을 행사하는 것은 전적으로 아이들에게 겁을 주는 푸에타 신부 덕분이라니까요. 저로 말씀드리자면 동해 번쩍, 서해 번쩍입니다. 제 무릎에 앉아서 우는 아이들과 포토타임을 갖기도 하고 250개가 넘는 크리스마스 장에도 갑니다. 패배를 인정하지 않는 자로 보이기 싫으니 이쯤에서 그만하고 더 이상 소송 문제에 대해서는 말하지 않겠습니다. 정의가 이기게 되어 있기 때문에 저도 다른 사람들과 마찬가지로 소송의 결과를 기다릴 뿐입니다.

딱 10유로만 있다면 사고 싶은 것은?

"담배! 아, 제발. 나의 '이전의 삶'에 있었던 것 중에 지금까지 유일하게 남아 있는 거라고!"
— 올리비아, 30세

"작은 보르도(와인) 한 병이나 포켓북. 아, 아니다. 보르도 한 병."
— 카롤린, 41세

"엄청난 돈 당첨되어 바캉스라도 떠날 수 있게 즉석 복권 하나 사야지."
— 시리엘, 27세

"10유로로 바게트 10개를 살 거다. 아이들 입에 무언가 있으면 적어도 10분은 조용하게 있을 수 있으니까."
— 마르틴, 27세

"10유로? 눈썹 정리! 그거 중요하다고!"
— 요안나, 20세

"조용함…… 아니면 컬러 캔디!!!"
— 줄리, 33세

"자양강장제 한 통!"

— 레티시아, 28세

"기분 '업!' 시켜서 춤까지 추게 하는 CD 하나. 다들 좋아하지 않나?"

— 바네사, 33세

'레인보우룸'에 중독된 아빠

여기는 르발루아-페레(프랑스 일-드-프랑스 지역의 오-드-센느 구역에 자리한 동네). 세 딸의 아빠인 장 멜르는 그의 삶이 뒤흔들리기 시작한 지난 6월 15일 전까지 대형 은행의 트레이더trader로 평범하게 잘 살아 왔다.

무언가 달랐던 선물

알리스(6세), 롤라(8세), 수잔(11세)은 어버이의 날을 맞아 특별한 선물을 준비했다. 셋은 올해 아빠를 위해 색이 각기 다른 레이보우룸 팔찌를 만들었다.

초보 부모들이 알기로는 레이보우룸은 각양각색의 고무줄을 꼬아 팔찌나 기타 액세서리를 만드는 장난감이다. 다른 국가에서 먼저 학교 휴식 시간에 가장 선호하던 놀이로 꼽힐 정도로 인기였던 레인보우룸이 2014년 4월부터 프랑스에서 돌풍을 일으켰다.

호기심으로 시작해서 열광으로

팔찌 만들기에 즉각적으로 흥미를 느낀 장은 자신이 직접 팔찌를 만들어 보려고 딸들에게 어떻게 만드는지 보여 달라고 했다. 신이 난 아이들은 아빠와 함께 팔찌를 만들기 시작했다. 아빠와 딸들은 저녁마다 내내 팔찌를 만들었다. 수잔은 "아빠는 우리 셋이 하는 것보다 더 잘, 더 빨리 만들기 시작했어요. 눈을 감고도 만들 수 있고 하루 저녁에 30개 이상의 팔찌를 만들 정도였어요."라고 회상한다. 장의 비범한 솜씨가 즉각적으로 드러났다. 회사에서도 장의 머릿속에는 단한 가지 생각뿐이었다. '항상, 그리고 더 빨리 팔찌를 만들어야 해.'

불타는 정열

이어지는 몇 주 동안 세 딸은 혼란스러웠다. 말하자면, 아빠는 집에 없는 것과 마찬가지였다. PC로 팔찌 만들기 동영상을 보거나 식탁에서 고무줄로 새로운 액세서리를 만들기만 할 뿐이었다. 순식간에 장은 사회와 단절됐다. 직장과 집에서 그의 행동은 달라졌다. 일을 핑계로 친구들과의 술자리를 취소하기도 하고 아내의 생일을 깜빡하는가 하면 직장에서는 팔찌를 만들려고 하루에도 몇 번이나 화장실에 틀어박혀 있었다.

"장의 책상 서랍에는 각양각색의 고무줄과 작은 구슬, 장신구가 들어 있는 박스가 있었다. 점심시간도 팔찌나 목걸이, 반지, 휴대전화 줄을 만들면서 보냈다. 가끔 가다 그의 바지 주머니에서 고무줄이 떨어지는 것을 볼 때도 있었다. 그렇게 멍한 장이 정말 이상했다."

두 달 만에 해고당하다

장의 돌출 행동은 회사에서 눈에 띄기 시작했고 처음으로 상사에게 불려 갔다. 상사는 '은행의 한 고위 임원에게는 어울리지 않는다.'고 하면서 장의 팔목에 걸린 10여 개의 팔찌를 당장 뺄 것을 촉구했다. 그러나 너무 늦었다. 장의 아내는 그날 밤, 장이 두 시간밖에 자지 않았다는 사실을 여전히 기억하고 있다. "그의 손은 밤에도 계속 움직였어요. 누가 보면 마치 자면서도 팔찌를 만든다고 생각할 거예요." 다음 날 장은 면도도 하지 않고 덥수룩한 머리에 구멍 난 바지를 입고, 손목에는 팔찌가 가득한 채로 회사에 도착했다. 상사는 당장 회사를 떠나라고 했고 장은 이에 순순히 따랐다.

성공 신화에서 실패 신화로

장은 해고 사실을 태연자약하게 받아들였다. 오히려 해고된 상황을 십분 활용하여 집에서 홀로 자신의 열정에 몸을 던졌다. 그러던 장은 인터넷 토론방에서 7월에 서울에서 레인보우룸 대회가 열린다는 사실을 알게 되고 참가를 결심했다. 우승자에게는 75만 달러의 상금이 수여된다. 장은 대회까지 남은 한 달 동안 미친 듯이 훈련했다. 더 이상 먹지도, 자지도 않았다. 결국 장은 대회에서 우승했다. 그러나 같은 시각, 장도 모르게 아내는 세 딸을 데리고 집을 떠나 노르망디로 가 버렸다.

대회가 열리고 난 후 4일 뒤에 푹 꺼진 눈에 몸은 앙상한 채로 마루 카펫 위에 잠들어 있는 장을 발견한 사람은 가사 도우미였다. 가사도우미는 장의 아내에게 연락을 했고 정신과 의사가 방문했다. 의사는 장에게 중증 중독증이라는 진단을 내렸다. 아내는 지체 없이 장을 캥페르에 있는 중독 치료 센터에 수용시켰다. 장이 유일한 중독자는 아니다. 작은 플라스틱 고무줄에 중독된 사람이 전국에 65명으로 집계되었다. 그러나 이들 대부분이 어린이 혹은 청소년이다. 다행히도 치료를 시작한 지 두 달이 지나자 겉으로는 어느 정도 정상적인 생활을 되찾은 듯 보였다. 아내는 장의 치료를 돕고 있고 딸들은 주말마다 장을 보러 왔다. 그가 하루 빨리 일을 되찾기를 바라는 바이다.

좀 망가져도
난 행복한 엄마

초판 1쇄 발행일   2016년 2월 22일

지은이 · 캉디스 코른베르그 앙젤
옮긴이 · 김수영
펴낸이 · 김종해
펴낸곳 · 문학세계사

주소 · 서울시 마포구 신수로 59-1(04087)
대표전화 · 02-702-1800   팩시밀리 · 02-702-0084
이메일 · mail@msp21.co.kr
홈페이지 · www.msp21.co.kr
페이스북 · www.facebook.com/munsebooks
출판등록 · 제21-108호.(1979.5.16)

값 10,500원
ISBN 978-89-7075-812-1 03370

ⓒ 문학세계사, 2016

· 이 도서의 국립중앙도서관 출판예정도서목록(CIP)은 서지정보유통지원시스템 홈페이지(http://
seoji.nl.go.kr)와 국가자료공동목록시스템(http://www.nl.go.kr/kolisnet)에서 이용하실 수 있습니
다.(CIP제어번호:CIP 2016003296)